琉球王朝崩壊の目撃者
喜舎場朝賢

山口栄鉄

芙蓉書房出版

中山正使　伊江王子朝直（尚健）直系の御子孫、
伊江朝雄氏の学恩を謝し、その霊に捧ぐ

まえがき

琉球王朝の末期より明治・大正初期に至る日琉両国の大動乱期に生きた喜舎場朝賢《きしやばちようけん》については、その代表的な著書『琉球見聞録』に収められるエッセイ、「琉球三冤録」、「東汀随筆」、そして『琉球見聞録』巻末に付された比嘉春潮氏による解説文などによって、その人物像の片鱗に触れることができる。

その琉球国の命運を決する危機的な時代を生き延びてきた朝賢、昔風に言う「向廷翼喜舎場筑登之親雲上朝賢」の生涯を扱う、今少しまとまった伝記風の史書、文献類はないものかと渉猟するかたわら、伊地知貞馨著『沖縄史、一名琉球史』、遠藤達・後藤敬臣らの手になる『琉球処分提綱』、『南島紀事』上中下巻、東恩納寛惇翁の『尚泰侯実録』、太田朝敷翁の『沖縄県政五十年』などの著述によって、時代背景の概要を知るに至ったものの、その生涯にわたる人物像の理解にはなお程遠いものがあった。

そんなある日、何年ぶりかの故郷那覇帰省の折りに立ち寄った、とある古書店で何となく手にした書のページをめくるうちに、私は、一瞬自分の目を疑った。次第に高まる胸のときめき、というか、大きな動揺、驚きを禁じ得ずにその書物の前に立ち尽くしてしまった。その書物とは『風や真艫《まとも》に』上下、二巻、副題に「琉球故事物語」とある。著者は伊江朝雄《いえともお》。昭和五十九年、陸運経済新聞社刊。それほど古い本でもない。

長年、私の待ち望んでいた喜舎場朝賢像のほぼ全容、いやそれ以上の詳細を極めた本が私の眼前に現れたのだった。その書物が朝賢関係の書物だとすぐには判定し難いのは、表紙はもとより、目次のどこにも「喜舎場朝賢」という文字が見当たらないことにもよる。

以下に、その目次を掲げよう。まず上巻は、「まえがき、第一章　風清く、第二章　雲静かに」。下巻は、「薩摩密使と明治維新慶賀使節　第三章　山高く、第四章　水長し、あとがき、付録　参考資料　年表」。

各章の名は、維新政府の命によって、琉球王府より東京に派遣された慶賀使節正使、伊江王子尚健が、すべての任務を終え、何ヶ月ぶりかの故郷首里への帰路、搭乗の元亨丸《げんこう》が嵐に遭遇、苦難の末、喜界島に漂着、その折りに手厚く遇された村長のために揮毫《きごう》した「風清　雲静　山高　水長」に基づくもの。縦書きの、その書の左端には「中山正使　尚健」と記されていた。

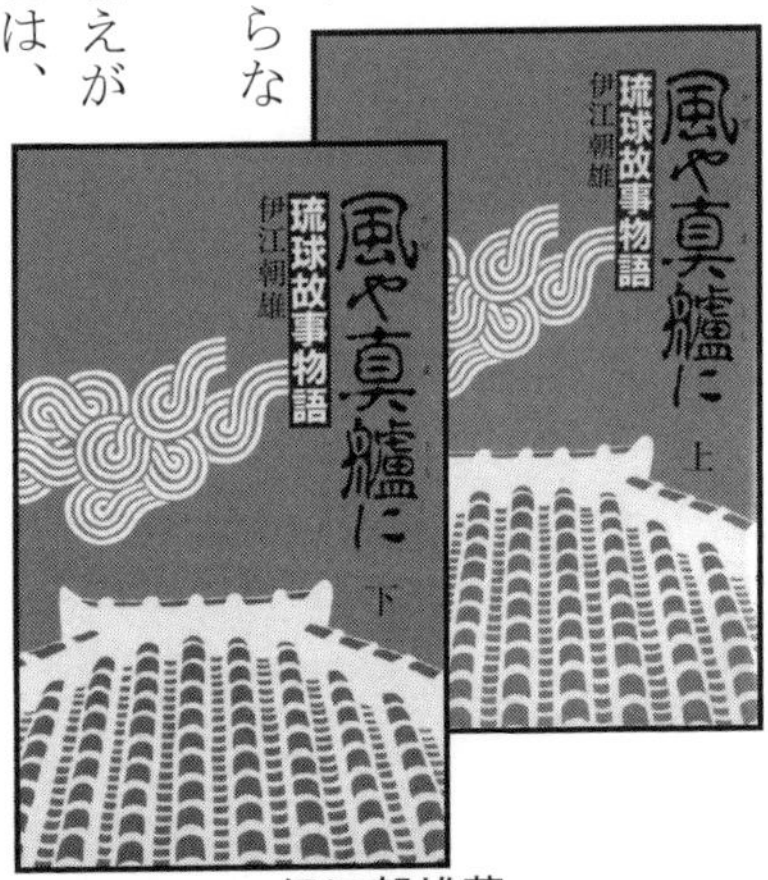

伊江朝雄著
『風や真艫に:琉球故事物語』上・下

時は、明治四十一年（一九〇八）、琉球国最後の国王尚泰の死後七年目の命日に当たる八月十九日。場所は旧都首里王城正殿前。この日、朝賢、満六十八歳。折から王城を訪れていたヤマトンチュの紳士三人を前に、己れの生い立ちから、青年の頃、王城内で尚泰王の側仕えとして奉仕した頃の諸々の出来事、城内の仕来り、そして琉球王国の歴史の流れを語って聞かせるという、壮大な内容を著者伊江朝雄がフィクション風にまとめたもの。フィクションとはいえ、ふんだんに「史実」を盛り込み、琉球の故事を語るという手法が採られている。

本稿は、全五百ページ余にわたるこの伊江氏の著作を底本として、「朝賢小伝」のような形を目指したものである。

維新に先立つ数年前、薩州藩主島津斉彬公によって秘密裏に行われる、遠大な幕政改革計画、斉彬公より琉球王府代表に下される密命の詳細は、必ずや、読者の新たな知識として寄与するに違いない。

維新慶賀正使、伊江王子一行と共に上京した喜舎場朝賢。写真右上の漢文は著書『琉球見聞録』の序文

維新政府より「王政御一新につき、御祝儀且つ御機嫌伺いとして参京すべし」との命を受けて慶賀正使、伊江王子朝直、副使宜野湾親方朝保ら一行に伴われて喜舎場朝賢が那覇港を出るのは、明治五年（一八七二）七月二十五日。僅か三十人余の一行のお側仕え役の朝

賢はその頃、弱冠三十二歳。その手元には、同じく一行の書記役、翁長里主親雲上が克明に書き留めた「正使伊江王子参京日記」があった。

この時点で、是非とも読者諸氏の心中に留めておいて欲しいこと、それは、琉球王府を代表する伊江王子をはじめとする重鎮の面々にさえ、その頃琉球王国の末路が刻々と迫りつつあることなど、全く心中になかったことである。その王国末期、その崩壊への歩みを逐一その目で確かめ、克明に記録する朝賢の言葉に接し得るのは、何にも増して幸いである。

『風や真艫《まとも》に…琉球故事物語』の著者、伊江朝雄氏が、かの参京正使伊江王子直系の人物であることは言うまでもない。同氏が参議院議員としての多忙な時期に完成された著書のようである。

現在、首里石嶺に、かつての伊江王子別邸が存し、今なお昔ながらの面影を留めていることを少なくとも一部の読者は知っていることだろう。二〇〇九年初頭には、那覇市歴史博物館において「伊江御殿伝世品展」が催された。そのチラシには、次のように記されている。

「伊江家は、第二尚氏第四代国王尚清の第七子、朝義（尚宗賢）を祖とし、代々伊江島の惣地頭職として伊江按司を称している。……伊江朝直は、一八七二年（明治五）に維新慶賀使として天皇に拝謁、この功により、その嫡子朝永は後に男爵に叙せられた」。

正使として新都東京より持ち帰った「梅の苗木」を王子は、その別邸の庭園に植え付けている。そのあたりの逸話については、本書の該当箇所を参照いただけるよう。私が、その別邸、屋敷に足を運んでから、まだそれほどの時間が経ってもいない。何でもその時の案内人、管理人の話では、「平成三十何年」（新元号の「令和何年」か……）かには、取り壊され、新たに改造される予定とか。戦後、いくたびか手を加えられたに違いない、その別邸、特に昔ながらの面影を今に伝える石橋、池、石碑などを留める国指定名勝、琉球式庭園の風情に接し得たのは、この上もなく幸いだった。

なお、本プロジェクトを進めるにあたっては、伊江朝雄氏夫人の洋子さまと直接電話でお話しする機会があったこと、また沖縄県浦添市内間在住の伊江家門中の伊江朝睦さまとご相談することもできたことを記して、皆様のご好意を謝したい。

二〇一九（令和元）年六月

米国ニューイングランド「鉄泉庵」にて

山口　栄鉄

琉球王朝崩壊の目撃者　喜舎場朝賢　目次

第１章

❖

維新慶賀使一行とヤマトへ

琉球王国の命運を担って

その日、那覇港沖で待機する汽船豊瑞丸、今や出航準備を終え、間もなく那覇港より伝馬船で運ばれてくる琉球王府派遣になる代表団の面々の到着を待つばかりとなっていた。

やがて幾艘かの伝馬船より乗り込んできたのは、まず新興日本国明治維新政府発足にあたり琉球国王尚泰よりの慶賀の祝辞「賀表」を献上するとの大任を帯びる正使伊江王子朝直（尚健）、副使宜野湾親方朝保（向有恒）、賛議官喜屋武親雲上朝扶（向維新）をはじめとする総勢三十人余の陣容、顔ぶれだった。

正使の世話係である使賛《しさん》奥間里之子親雲上、翁長里之子親雲上、儀者《ぎーしゃ》仲嶺筑登之親雲上、副使の使賛与世田親雲上、儀者仲尾次親雲上に続いて現れたのが正副使、賛議官付き「御側仕《うすばじ》掛《けー》」の喜舎場筑登之親雲上、すなわち後年「東汀」の号をもって知られるようになる喜舎場朝賢だった。時に朝賢三十五歳、二歳年下の国王尚泰の側仕掛役を拝命して五年目の年だった。

やがて明治維新政府差し向けの豊瑞丸は抜錨、最初の寄港地鹿児島錦江湾内の前之浜を目指して静かに北へと動き始めた。時は明治五年（一八七二）七月二十五日、船内の時計の針は午前十時を指していた。船上の慶賀使一行の面々、その後わずかに四十五日を経る頃、すなわち明治五年九月十四日をもって琉球国が日本国の一藩となり、国王尚泰が明治天皇の命によって琉球藩王に封ぜられるということなど夢想だにしなかった。

その蒸気船豊瑞丸、およそ八年前、薩摩が英国より買い入れた長さ三十四間、幅四間の鋼鉄船、それまでの琉球人の知る順風頼りの帆船に比べ遥かに快速、揺れも少なかった。舳先に近

琉球王朝最後の国王尚泰
（東恩納寛惇『尚泰侯実録』）

王政維新慶賀使
前列左から宜野湾親方（副使）、
伊江王子（正使）、喜屋武親雲上
（副使）（『琉球見聞録』）

慶賀副使宜野湾朝保
歌人としても知られ、八田知紀に師事。
宜野湾（向有恒）が和歌をよくすること
を知る明治朝廷、とくに宜野湾のため
に設けられた歌会の場で、御製、天皇
の和歌、皇后の御歌を受け朝保は歌
を詠じている。またその歌会に先立っ
て副島種臣外務卿の求めに応じて二
首の頌歌を献じた。

い各船室が正副使節と賛議官にあてられ、隣の船室には喜舎場、翁長、奥間の三親雲上、そして親泊子《うやどまいしー》の四人が陣取っていた。使節一行、皆初めての乗船だった。

伊江王子は、尚泰王の祖父尚灝王の第四子、即ち尚泰王の王叔であり、宜野湾親方の令室もまた同じく尚灝王の王女で伊江王子の妹君にあたる。豊瑞丸の出航が七月二十五日と決まるや、喜舎場朝賢はすぐさま伊江王子の御小姓役に任ぜられ、首里当蔵在の伊江御殿詰めとなった。伊江御殿は王世子の中城御殿とは、ほとんど隣同士といってもよかった。伊江王子の使賛として随行する奥間里之子親雲上、同じく翁長里之子親雲上、そして右筆を勤める上江洲筑之親雲上、それに伊江御殿の与力でこのたび議者としての任を拝命した仲嶺筑登之親雲上らが連日揃って大和への渡航準備に余念がなかった。

海路平安の祈願

出航のちょうど一週間前、七月十八日には伊江王子が聞得大君御殿《ちゅふぃじんうどぅん》と首里三平にある首里殿内、宜保殿内、真壁殿内を訪れ海路平安の祈願をされた。その折りには喜捨場朝賢も仲嶺筑登之親雲上ら同志とそのお供をしている。時の聞得大君は伊江王子の姉君、真鶴金《まじるがに》。祈願を終えて御殿の門を出る王子の後ろ姿を真鶴金はいつまでも見守っていた。その後、王子は宜野湾親方、喜屋武親雲上らと城内に入り、御内原《うーちばら》の奥御書院で国王臨席のもとに催されるささやかな餞別の宴に望むのだった。そのときの国王の様子を喜舎場は御近習から聞いている。すなわち、お酒も出て、ようやく寛がれた感じの若き国王尚泰、「お役目の苦労よりも、大和口での応対の方が大変じゃなかろうか」などと申されて相好を崩しておられた、という。

翌日、国王の御近習頭の富里親方が伊江御殿を訪れ、国王よりの餞《はなむけ》の品々が届けられた。王子自ら玄関口まで出て御使者をお迎えになり、みずから先導されて使者を一番座に招じ入れた。仲嶺筑登之親雲上が喜舎場らに披露してくれた国王よりの品々には以下のようなものがあった。大官香《だいくわんこう》と称する唐の線香、金箔の御扇子一箱、宮古上布十四匹、焼酎二壷。王子は、かつて新都東京滞在中、その扇子を愛用していた。御内原《うーちばら》の国母様からは紗綾《さや》各々一端、島紬一端、焼酎一壷だった。伊江王子は早速国王より贈られた大官香を携えて西原間切の儀保《じーぶ》にある伊江家代々のお墓に詣で、香を焚かれた。その墓参りの帰路、墓地からそれほど遠くない松林に囲まれた伊江家の「お屋取り《うやーどぅい》、別墅《べっしょ》」に立寄り、これから江戸上りのお供をすることになっている喜舎場ら五人の者に食事をお与えになるとのお心遣いを忘れなかった。その伊江家別墅は、およそ二百年前、王子の七代前の伊江家第五代の伊江王子朝嘉が父朝敷の遺志を継いで造営された。屋敷内の築山からは南に首里正殿の偉容を望むことができ、西には慶良間諸島、北には浦添城趾を一望の下にすることができた。夏の真っ盛り、折からの蝉時雨の騒々しさに、とっさに次の詩句が喜舎場の口をついて出た。

「蛙鳴蝉騒《あめいぜんそう》、よく静を裂くといえども、風を欲して松先ず鳴り、未《いま》だ雨降らずして苔已《こけすで》に滑らかなり、百鳥囀《さえず》り、樹上の珍鳥また池泉《ちせん》に影を絶たず、亭前楽《ていぜんらく》余り有るの仙区《せんく》」

それを耳にした伊江王子、「喜舎場の即興詩には恐れ入るナ」といって顔を綻《ほころ》ばせるのだった。その日、喜舎場らが歓待に浴した会食には、あらかじめお重が用意されていた。食事を共にしながら伊江王子、次のように申されるのだった。「生のままの豚肉に黒ゴマをすりつぶして塗り、それを蒸したあのミヌダルの美味なることはもちろんだが、何と言っても豆腐料理、豆腐の厚揚げ、豆腐チャンプルー、ゆし豆腐。そのような豆腐料理は、また格別だネ」と。それに対して翁長親雲上、すぐさま「豆腐料理、それは私どもの普段の料理でございますヨ」と申し上げると、王子の口から次のような答えが返ってきた。「食べ物の嗜好に上下の区別はないはずだヨ。人間の舌《しば》に厚い薄いはあっても同じだからネ」と屈託なくお笑いになるのだった。ところで「琉球歴史夜話」のなかで琉球料理について述べる著者源武雄は、その「ミヌダル」のことを「料理通たちの絶賛する琉球料理の一つ、ミヌダルの語意は不明」としている。

一路鹿児島へ〜琉球館投宿

こうして正副使節、それに賛議官一行が乗り込んだ蒸気汽船、これまで何度か鹿児島や、江戸へ渡ったことのある伊江王子にとっても、風が頼りの帆船と違い、図体の大きな鉄船、揺れが少なく皆、安心した様子だった。何でも、その頃を遡る、ほぼ八年前の元治元年の十月に薩摩が英国から買い入れたものらしく、船名も一番早い船なのか、「ナンバーワン」と呼ばれていた、という。

遠くに見え隠れしていた残波岬が、瞬く間に眼前に迫り、朝賢は、初めて見る島の姿を船室の丸窓から見入っていた。「左手に伊江島が……」との船長の船内案内の声で、伊江王子が甲板に上がられる。朝賢も同室の四人とともに急いで王子の後を追った。その伊江王子、あの伊江島タッチューが聳《そび》え、青く覆われる、なだらかな島の様子を食い入るように見つめておられる。かの「牧志恩河事件」の牧志親雲上が入水《じゅすい》したといわるのも、このあたりの海だったらしい。それだけではない。王子にとって、因縁浅からぬ小禄親方が五百日の寺入りを命じられた照泰寺もこの伊江島にある。

二十六日は、終日島影を遠くに見るだけの大海原の船旅。鹿児島の錦江湾に入り、前之浜に着いたのは、翌二十七日の夜半十二時をまわっていた。

従来の那覇から鹿児島までの旅は丸六日間もかかった長旅。那覇を発ってから三日目の夜に到着ということで、経験豊かな王子に宜野湾親方も「早い、早い！」と感じ入った様子。薩摩は遠いところとばかり思っていた朝賢も着いた夜は気分の高まりで寝付かれず、暗い錦江湾に目をやりながら、話に聞く桜島はどのあたりなのだろう、と思いめぐらしていた。

これから先、朝賢にとっては、またとない大和旅、その記憶をたどりながら書き留める手記に何よりも役立ったのが、使賛の翁長里之子親雲上が克明に書き留めた「正使伊江王子参京日記」だった。

明けて二十八日、朝八時頃には、伊江王子、衣装を改め、上筑地から上陸。すべての面で準備怠りない受け入れ先の島津家では、当初予定されていたお駕籠の用意が、なぜか間に合わず、伊江王子始め一行は、まず、島津家御用聞の柿本彦左衛門宅で休憩。その後徒歩で琉球館へ向かった。王子や宜野湾親方にとっては、何度も宿泊の経験があり、今回は、翌月八月二十日の江戸、いや新都東京への出立までの三週間ばかり、旅先での骨休みの機会となった。

朝賢にとって琉球館逗留ははじめてのことで、まずその構えの大きさに目を見張った。滑川《なめいがわ》が本館の本門右脇とその左、馬乗り馬場を隔てて流れており、本館の周囲は、総石塀で囲まれ、豪壮にみえた。敷地、およそ一町二反と聞く。ここには常時、在番親方、蔵役を入れて四人の琉球の役人が詰める。白塗り大和風の土蔵が三棟、それを含めて、十三棟ほどの建物があった。本門と脇門は、新橋通りに面し、正面、道を隔てては、庄内お仮屋の島津筑後殿のお屋敷、屋敷内には道に面して高い火の見櫓《やぐら》が立っている。琉球館の左端の角は、二階建ての武者窓のついた物見の建物、そこからすぐ石造りの新橋が見える。琉球館の裏門には「種子屋敷」の蔵人《くらんど》殿のお屋敷に面する道路があった。

厳島神社参詣

琉球館滞在中、伊江王子、宜野湾親方、賛議官の喜屋武親雲上、掌翰使の山里親雲上のご四方は、書院で、お茶の後、雑談をされ昼食をご一緒に摂られる。使賛の奥間親雲上以下、小姓の朝賢までは次の間で共に食事。このような日程で一日が始まった。

お食事後、伊江王子以下お供の者すべてが打ち揃って厳島神社参詣へと出られた。このように使節一行が表に出ると、薩摩の人たちは、大人も子供も物珍しそうに沿道を埋める。

以後、琉球館で過ごした日々の有様、その概要を朝賢の参照する「正使伊江王子参京日記」

に基づきながら追ってみよう。七月二十九日、島津忠義新従三位様家令、伊藤彦助、島津久光従三位様家令、伊集院九郎らに対する「王政御一新に付東京江御祝儀之正使の挨拶」。翌八月に入ってからは、鶴嶺神社、照国神社、光明寺参詣。伊江王子から神通丸を通じて琉球国王へご機嫌伺いの書面に添えて、鰹節一箱、御内証方へお茶、御干菓子御多葉粉、中城王子へ御扇子一箱、御干菓子一箱を大宜味親方、保栄茂親方、伊舎堂親方らに託す。八月二十日、三邦丸鹿児島前之浜より東京品川向け出立に先立ち、参事大山格之助（綱良）より王子並びに宜野湾親方、在番豊見城親方、喜屋武親雲上らが招かれる。

陸路、海路の費用

ここで、喜舎場朝賢は従来の江戸上りに要した費用の詳細を書き留めているので、その概要を朝賢に代わって、読者諸氏に紹介しよう。

薩藩時代、江戸上り慶賀使一行の費用は、旅宿は、まず大阪を発って伏見の一泊に始まる陸路の行程は、江戸まで十六泊、休息十六宿。道中使用雇いの人馬の費用、それらすべてが薩摩藩の賄《まかな》いだった。このたびの伊江王子一行の旅も、琉球はまだ鹿児島県の管轄下にあり、県官が責任者となって一行の東道役を勤めるわけで、旧例に従って船賃は、すべて鹿児島県庁の費用、東京での宿泊接待は、政府官費で用立てられた。朝廷への献上品や土産物、その他の雑費は、琉球側の賄い。鹿児島県からのこのたびの東京品川行き三邦丸の運賃その他の費用について鹿児島県庁からの達書は次のように記している。東京滞艦日数十五日、帰帆滞艦七日、三邦丸トン数四百二十。馬力百十、原名ゼラールド。朝賢の挙げる史料の一つには「火輪船」とある。

また御献上品、その他、御用意の品々は、伊江王子の与力翁長親雲上や、宜野湾親方与力の與世田親雲上が事務の処理に当たった、結局、琉球側の東京、大阪滞在日数三十日分の費用として金三千三百三十三貫八百十二文、およそ六拾八円。諸荷物の運賃、宿々の礼銀、その他不時の支出の用意に、二万六千貫文（五百二拾円）。さらに、白上布分、三千貫文（六拾円）。

在京中の心得

いよいよ出立の前日、琉球館内がざわめいてきた。正副両使節、賛議官の方が「鹿児島県庁への暇乞い」ということで、在番親方や聞役の案内で外出。琉球館に残った随員一同が改めて上京の節の心得についてのお達しの説諭があった。細かく記された注意書きの一つに、「下々の者共、無用の近付《ちかづ》きを求め、猥に他所徘徊又は宿々へ集会いたし、飲酒致し候儀は、甚だ然るべからざる候間、停止さるべく候」とあるのを、朝賢は、「無用の～他所徘徊」を「女欲しさに彷徨《さまよ》ってはならぬ、との意味が含まれている、何しろ長旅ということだから……」としている。

品川港の風情

こうして、正副使節一行、以下随行の面々が三邦丸に乗り込んだのは、八月二十日。上筑地まで見送りにきた琉球館在番、ほか役人の面々にしばしの別れを告げ、前之浜を出港したのは朝八時前。鹿児島県庁側からの同行人には県参事以下、何人かの顔ぶれ。この日、夜来の小雨と風が止み、早朝から晴れ上がり、海静か。

黒塗りの船体は、夏陽を浴び、船の前後二本ある帆柱の際立って高い船首寄りの帆柱には、日の丸の旗が勢い良くはためいている。伊豆大島を右手に見て、船は方向を北東に向けた。朝賢には初めての富士の聖山、噂に聞き、絵で見たそれとははるかに違う、神々しい姿だった。

船長、有利矢九郎に促されて、伊江王子、宜野湾親方、喜屋武親雲上方が上甲板に上っていかれた。「品川沖は、よく突風の出るところでございまして、港も浅瀬で船は沖懸りをいたします。風波の都合では、横浜に御上陸願う手はずでございましたが、今日はこの通りの上天気、品川沖へ入ります」という、船長の声は、心なしかはずんでいた。

宜野湾親方、この時、一首詠まれた。

高けれど富士は麓《ふもと》の固《かた》ければ
千代万世《ちよよろずよ》も動かざりけり

それを聞いた船長「ああ、それは、新政府の遥か頂きに天子を擁し、万民結束して、盛り立てる姿を譬えたものだ」と申し、それを是非とも一筆書いていただけないものかと、宜野湾親方に懇願するのだった。その日、夕刻六時過ぎに入港した品川には、多くの船があって、軍艦らしいのも五、六隻。異国船と分かる旗を掲げた大型の蒸気風帆船、多くの伝馬船、はしけ船、漁船などが行き来して、港は船で埋まっている感じの賑わいだった。

　思えば、琉球を出たのが、七月二十五日だから、何と四十日余りの長旅。しかし、鹿児島を出たのが八月の二十日だから、十三日目に鹿児島から品川に無事着いたのだった。船室から出た者、皆が上甲板に上がり、安堵の胸を膨らませ、好奇の目で辺りを見回している。琉球の浜辺とは違った趣だった。朝賢が、ことに珍しく思ったのが、煉瓦造りの円筒の高い灯台。後年、品川という言葉を聞くと、すぐに思い出すのが、その赤い光を出す灯台だった。

朝賢、嘉例者の誕生

　朝賢の生まれたのは、かの英人キャプテン、バジル・ホールの琉球王国来航二十四年後の一八四〇年（天保十一）、尚泰王の父君尚育王の治世六年目。世は頻繁に琉球王国の門戸を叩いてやってくる異国船来航で、あわただしい動きの感じられる時代を迎えていた。琉球王国と最も関わりの深かった天下の大国清国にイギリスが戦《いくさ》を仕掛けた「アヘン戦争」の惹起したのが朝賢生誕の天保十一年、天下の大国ヤマトではその二年前、天保八年には大阪で幕府の出先機関を与る首謀格、かの大塩平八郎率いる一揆に象徴されるように江戸幕府の威信が揺らぎ始め、海の向こうの清国では、そのアヘン戦争で、さすがの大国清国にもまた、その勢いに陰りが見え始めていた。

　朝賢が生まれ育ったのは首里の宜保村。宜保村の北方には末吉《しーし》の森があって、その形が亀に

朝賢次郎少年が遊んだ旧王都首里の虎頭山、そして史跡弁ゲ岳

似ているというので唐の人は「亀山《きざん》」と称していた。朝賢の家は、その亀山と谷一つ隔てた手前、首里ではやや高台にあった。とても見晴らしがよく、門の前から左手、東の方には松林の虎頭山《とらじ》が、南の方には鬱蒼《うっそう》とした「ハンタン山」の上にひときわ高く聳える首里城正殿、「御《う》唐玻豊《からふぁーふー》」の屋根が望まれた。

母の語った奇談

幼年の頃、信心篤い母、真松《ままちー》が語ってくれた次の話を朝賢は終世忘れる事なく、成人して後もことあるごとに知人友人に語り伝えるのだった。朝賢の生まれる一年前、天保十年正月のことだった。首里の北方五里ほどのところにある讀谷山《ゆんたんざ》の村の比謝川《ふぃじゃがー》には、今では誰一人知らぬ者のない、かの吉屋チルーの「恨む比謝橋や〜」と詠われる、その比謝橋が架かっている。東シナ海に河口を開くかつての比謝川の流れは、橋梁なしでは渡れぬほど勢いの強い急流だった。ある日、川口附近の渡具知部落の浜に「観音菩薩」の像一体が流れ着いた。それを最初に見つけたのが一人の漁師で、それを家に持ち帰ったところ、「これは一大事！　これは紛れもない『御観音《うくわんのん》』、我が家ごとき貧者の家で粗末な扱いなどをすべきではない」との女房の言葉にすぐさま間切の番所に御注進に及んだ。間切の喜名村の番所からは村の取締の役目をする「小横目」が駆けつけ、間切の元老である「夫地頭《ぶじとう》」に届けられた。衆議の上、まさしく「霊高《せじたか》い」御観音のお姿に違いないということとなり、ひとまず「地頭代」の屋敷に安置された。その話は、たちまち首里にも達し、王府では海路の平安無事を守るという天妃を祀る上天后宮にお迎えしたという。

因縁話の好きな琉球のこと、渡具知の浜が、かつて慶長の大昔、島津の総大将、樺山権左衛門尉久高率いる大軍が北の運天港に次いで押し入ったところであることをよく知っている村人達は、その渡具知の浜に観音様の御上陸とは何かの因縁に違いない、として噂はますますその勢いを増すばかりだった。その幼少期の朝賢の頃から、さらにほぼ百年を経る頃、その渡具知海岸の洋上一面を「ウランダー」らの沖縄上陸艦隊が埋め尽くし、「鉄の暴風」が猛威を振るうことになろうなどといった史上の奇縁など、朝賢にはもちろん知る由もなかった。

「御涼傘の瑞祥」

次に朝賢の母が語ってくれたのは、その母が実際に見たという不思議な出来事のことだった。朝賢の生まれた天保十一年の旧三月十四日の酉《とり》の刻、夕方六時頃のことだった。首里城正殿のずっと裏手の「高あざな」には鐘楼があり、旗竿がたっているが、その酉の方、ちょうど正殿と御内原の間あたりの上空に瑞祥が現れたのだった。折りも折り、酉の刻には漏刻門では太鼓を十二声鳴らし、高あざなの鐘が撞かれる。内地でいう「入相の鐘」の鳴る頃だった。その瑞祥、何と「御涼傘《うりやんさん》」の姿がくっきりと宙に浮かび、フワリフワリと上下に揺れ動いていた。御涼傘とは国王や王妃、それに王世子、聞得大君方が出御される時に頭上高く掲げて差し掛ける飾りのついた柄《え》の長い大傘のことで、「おみあふり」ともいっていた。琉球では、夕方間近は魔物《まじむん》の出る薄気味悪い時刻とされていた。しかし、旧暦三月といえばこの地ではもう春、「うりずいん」の季節で、酉の刻午後六時はまだ明るくて、空もはっきりと仰げる。その揺れ動きながら天に舞う御涼傘を最初に見つけたのが「高あざな」の漏刻番だった。旗竿に旗を上げ、「鼓責《こじみ》の鐘」を突き始めたばかりのその漏刻番、目の前にふわりふわりと揺れ動く「御涼傘」を見てびっくり仰天、とにかく無我夢中で鐘を突き終わったものの、その場に座り込んでしまい、「御涼傘」の動きの一部始終を見ていた。後にその漏刻番が語るには、その「御涼傘」、折からの入り陽に映え、金色に輝きながら空から舞い降りてきたという。旗竿に触れんばかりの高さまで降りきると、またその先を上へ上へと上り始める。上下すること五回、その後、その姿は薄くたなびく横雲のように淡く消え去ったという。その漏刻番、はじめ「人魂《ひとだま》」ではないかと思い、ひたすら手を合わせ拝むだけだった。

実はこれを見たのは漏刻番だけではなく、御内原の女官らや首里の町の人々、城を退けて帰る役人衆も見ていた。ちょうど御内原の上あたりに現れたので女官達も大騒ぎをし、固唾《かたず》をのんで手を合わせて見上げていたという。「嘉例《かりー》な事」、「縁起のいいこと」が起こるに違いない、と女官らは話し合っていた。朝賢の母もこれに気づき、すぐさま父に告げたが、あまりのことにその父も一瞬声を呑んだという。その御涼傘の瑞祥が朝賢の生まれ年に現れたことを母はことのほか喜び、ことあるごとに幼少のころの朝賢に「お前は嘉例者《かりーむん》」といっていた。

国王の御涼傘は直径六尺ほどもある大きな絹張りの傘で、黄色に染めたもの、そして薄い赤色というか桃色に近い色のものとの二通りのものがあった。表面には、五色の糸で竜の模様の刺繍が施され、広げた傘の周囲の端からは一尺あまりの覆いの布が垂れ下がっていた。傘の軸は木の棒で、朱塗りの上に金箔で唐草模様が描かれていた。その軸棒の長さは八尺ほどもあった。王世子や王妃、聞得大君方の御涼傘は、国王のものとは違い、やや小振りで柿色に近い厚紙で張られていた。傘の直径も五尺ほどで、傘の表面は、王世子のものが竜模様、王妃や聞得大君のものには落ち着いた牡丹模様が黒漆で描かれていた。軸棒はやはり木の棒で同じく朱塗だったが、唐草模様は銀箔で、特に王妃と聞得大君のものは、傘を広げると竹骨からは五色の絹糸の房飾りが垂れるようになっていた。その日、王府の天上近くに揺れ動いていたのはまさしく国王の御涼傘で、王府内はもとより首里の町々でもひとしきりその話で持ち切りであったという。

琉球では前の年から持ち越された旱魃もこれで治まる兆しに違いなかろうというのが専らのうわさだったが、果たせるかな、その二、三日後、大雨に恵まれ、いつしか旱魃も忘れ去られるほどの慈雨の恵みにも接した。朝賢は母がいっていたように、順調に育ち、やがて尚泰王と運命を共にする激動のなかに身を投じるようになるのだった。後年、朝賢は、あの天保の星が、この主従に付いて回ったのであろうか、と「御涼傘」をめぐる因縁を感じるのだった。

朝賢の家族構成

朝賢は父君、喜捨場朝苗、母君、真松の三男。兄弟姉妹全部で九人の大家族だった。長兄の長彭《ちょうぼう》、次兄の朝規、それに長女の真鶴《まづる》は異母兄姉。三男の朝賢、四男の朝経、次女の真呉勢《まぐじー》、三女の真蒲戸《まかまど》、四女の思戸《うみとぅ》、五女の思武多《うみんたー》はすべて同腹の兄姉である。母、真松は小柄で小肥りの美人、色白でおとなしく、控えめな優しい人だった。いわゆる儒学の「四行三従《しこうさんじゅう》」にいう「婦徳」、すなわち女として守るべき徳、慎むべき言葉遣いが「婦言」、身だしなみが「婦容」、身につける手業が「婦巧」で、これがすなわち「四行」、家にあっては父に従い、嫁としては夫に従う、夫死しては子に従う、これが「三従」。朝賢は後年、母の事を「四行三従」を地でいくような人だったと回想している。その母がまた働き者で、裏座敷の縁側に据えられた座機《ざばた》でよく布織りに精出していた。母は特に絣の模様織りが得意だった。父のところに嫁いでくる前の娘の頃から「清ら布《ちゅらぬぬ》の織り手《うーやー》」といわれるほど評判の織り手だった。父の着るものはもとより、子供達の着物、晴れ着などすべて母の手になるものだった。

琉球の教訓の諺に「布や緯上がり《ぬちあがい》、夫《うとぅ》は妻上がり《とぅじあがい》」というのがある。布は緯糸《よこいと》のあしらい一つでいい模様の布が仕上がるもの、夫はよき妻をえてこそ立身出世をするもの、という意味だが、働き者で聞こえる琉球の女の一人として、朝賢の母真松もまた、よく「婦巧」を身につけていた。

命名の仕来り〜喜舎場ぬ次郎

朝賢の「唐名《からなー》」は「向廷翼《しょうていよく》」、十五歳の元服時に授けられる慣例となっていたのがその唐名とそれに対する「大和名」で、後者は広く「名乗」と言われるもの。「朝賢」がその名乗である。その名乗の大和名は士族の子弟、それも男子に限って元服のときにつけられ、しかも二字に限られていた。ただ名乗といっても普段は使われず、王府において正式に使われるのは、喜舎場筑登親雲上という具合に家名と位階だけ、というのが慣例となっていた。王家の血筋につながる一族の「姓《うじ》」が「向《しょう》」と定められたのは、喜舎場のころを二百年ほど遡る尚貞王時代。名乗の頭一字、すなわち「名乗頭」を「朝」の字にするようにとの沙汰のあったのも同じく尚貞王の頃だったという。国王尚家の「尚」と同音の「向」ではあっても、「向姓」の家系のものは、特に「向《むかい》しょう」と呼ばれて区別されていた。

以上とは別にいわゆる「童名《わらびなー》」というのがあり、出生三日後に行われる「川下《かーうり》」の日に命名された。通常、嫡子の童名は祖父のそれを受け継ぎ、長女には祖母の童名がつけられた。次男、次女以下にはさしたる決まりもなく、三男坊の朝賢の童名はごくありふれた「次郎《じるー》」。家族親戚、友達の間では専らこの童名で呼び合うのが習わしとなっていた。ということで朝賢は普通には「喜舎場ぬ次郎《じるー》」として知られていた。ただし、同じ「次郎」でも士族の場合は「じるー」、百姓の場合は「じらー」と呼ばれていた。

成人し、王家に仕えることとなった朝賢は、琉球国最後の国王尚泰王の御側仕えとしてご奉公する「御近習役《うちんじゅーやく》」を拝命した。御近習役の主な仕事、それは王府の公の記録である「御書院《ぐすいん》日記」、評決所記録ともすべき「評定所僉議《せんぎ》」、唐や大和への「御使者日記」、「冊封使関係記録」、歴代国王の「御即位規式《ぎしき》録」などの古記録、古文書の整理管理、御書院の「御二階御殿《うにーけーうどうん》」の近くにあった「御書庫」の漢籍の保管などだった。「『文物多くは古《いにしえ》を師とし、朝廷半ばは老儒』と杜甫の詩にあるように、琉球王府においても文物、古《いにしえ》を手本とする習わしであったので『文書』の保管整理は大事なお役目だった。儒学を修めた者も多く起用されており、儒学を学んだ自分にはうってつけのお役目だった」という朝賢の言葉が伝えられている。

琉球王国の身分制度

「大名《でーみょう》」「士《さむれー》」「百姓《ひゃくそう》」という風に大きく三つに分けられる身分制度のうち、大名といわれる身分のものが、いわゆる王子、按司、親方《うぇーかた》たちで、俗に「うでーみょうがた」と呼ばれていた。そのうちの王子は、もとより国王の令息方で、「直王子《じきおうじ》」といわれた。その直王子以外の「従王子」がすなわち先々代の国王の王子方で、ご当主の国王にとって叔父に当たる方々。いずれも「王子」と称され、いわば国王の身近な「ご連枝《れんし》方」である。そのほか、王子家でも二代目になると家格が下がって按司家になるものの、やはり大名の身分であり、「御位王子《うくれーおうじ》」と称された。この按司が王女を娶ると王子の「御位《うくれー》」を賜る。極めて稀ながら、親方でも大きな功績のあったものには破格の恩典として「王子の御位」を賜ることがあった。王女方も王子の称号だったが、特に「翁主」と書いて「おうじ」と呼ばれた。この翁主は按司の御位で、特に「女按司《うなじゃら》」といわれた。この御位は嫁がれても変わらず、嫁ぎ先の家での扱いも主人の両親からは敬語で接せられるのが常だった。按司の令室も翁主の御位を賜る習わしだった。

大名のなかでも国王に最も近い王子、按司、すなわち「御連枝方」は無論領地を授かってその領地の名を家名にし「何々御殿《うどぅん》」といった。それは、ご当人のことを指すばかりではなく、そのお屋敷のことでもあった。王府内で「〜御殿」という場合には通常そのご当人のことを指していた。

王子、按司の領地がすなわち「間切《まじり》」で、そこを領有する大名という意味で「按司地頭」といわれた。按司家につぐ大名である親方家は、その支流、分家が「ゆだち」と称される家柄として知られた。それはまた「士《さむれー》」から三司官などの最上級の役職について位の上がった者の家柄をも指し、領地を授かるわけなので、領地の名で「〜親方」、「〜殿内」、「惣地頭《すーじとー》」といわれた。親方の身分は、「士」から上がる場合は譜代の士族の「里之子筋目《じじみ》」の家柄に限られていた。その「里之子筋目」の者が役に就き、功を積んで出世し「里之子親雲上」になると間切のなかの「村」を賜り、そこの「脇地頭」となり、やがては親方に、そして抜きん出れば「三司官」にまで進み得た。

この「譜代」というのは、朝賢の時代を遡る三百年ほど前の「慶長の役」、薩摩による琉球国攻略以前から王府に仕えた代々の士族のことで、それ以後の士族、または百姓から士族にお取り立てになった者はすべて「新参《しんざん》」といい、同じ士族でも区別されていた。朝賢の父は、琉球国での譜代につき、尚貞王代以前と以後を分かって、以前を譜代というのだとしていた。ちなみに朝賢の家は名誉ある譜代である。その譜代にはまた里之子筋目のほかに「筑登之筋目《ちくどぅん》」

という流れがあった。

王子の嫡男は按司、その按司の嫡男も家督を相続するとやはり按司になるが、嫡男以外、つまり次男、三男以下も大名の血筋であることは紛れもないので、この次男、三男の系統を特に「里之子筋目」と言った。それ以外の元々代々士の子孫は「筑登之筋目」といって「里之子筋目」とは区別された。筑登之筋目は王府の役職も下級の職の者が多かったものの、才能ともに一芸に秀でて功を成す者には、高級の役目に抜擢されて里之子筋目になることができた。これは位階を越すことになり、特に「階越《けーくし》」といわれた。

琉球では徳川幕府の大名方とは異なり「永代大名」ではなかった。与えられる領地が一代限りの場合もあり、またそれが四代、五代に及ぶ事があっても、およそ五代を過ぎると、その家に功績があるかないかの評定によって、領地がお取り上げになるか、または小さな領地へのくら替えになるという制度だった。もっとも領主は領地に居住するのが建前ではなく、功績の有るなしで領地を案配しないことには、土地の狭い琉球では新しくお取り立て領地を与えることもできない。こういう行き方はまた世襲の門閥の励みもなり、そういう意味では琉球の事情に即応した制度であったといえよう。

恩師津波古親方

朝賢を御近習役に推挙してくれたのは清国国子監で六年も学び、琉球第一の碩学《せきがく》として知られていた津波古親方で、国王の侍講官を務めたほどの人物だった。喜舎場朝賢はその津波古政正（東国興）の愛弟子である。「喜舎場ヨ、私が君を御側仕えに推挙したのは、他でもない。君には学問があるからだ。御前には典籍、古文書が沢山ある。これらの典籍に心して目を通し、時に応じ機に臨んで之がお話を国王に申し上げることこそ第一のお勤めと考えよ」～これが師、津波古親方の弟子朝賢に対するお言葉だった。

その津波古親方政正が生まれたのは、奇しくもかの英人キャプテン、バジル・ホール一行が那覇の港に現れた一八一六年の夏だった。その父が琉英関係史上名高い安仁屋親雲上政輔である。その安仁屋は先輩真栄平房昭（めーでーら）とともに王府代表の通事（通訳）として活躍、両人の名は十九世紀初期から中葉にかけて琉球王国を訪れた西洋人の探検記、見聞録に色濃く残されている。その子の津波古親方政正が後年、かの前後九年の長期にわたって那覇に居座っていた英人宣教医ベッテルハイムと交流のあったことも故無しとしない。フランス製のリキュールを嗜《たしな》んでいたという時の教養人津波古親雲上、長年にわたる中国での経験を有しながらも、早くから西洋文明にも深い興味を持ち続けていたという、その人物像が偲ばれる。

首里汀志良次の聞得大君御殿

儀保で幼少時を過ごした生粋の首里人《すいんちゅ》朝賢、成人してからは聞得大君御殿のある汀志良次《ていしらじ》に住んでいた。

聞得大君は、この御殿で「火の神」即ち「御鉢《うふぁちぬ》の御前《うめー》」を祀って国王の安泰、国家平安、五穀の豊穣、海路平安を祈るのが毎日の勤めだった。また城内にある九つの御嶽への祈願もそのお役目だった。聞得大君は王妃に継ぐ地位を有し、正月の「年頭の御願」には、国王初め御近親方や王府の高官、「三司官」ともども聞得大君御殿に参拝されるほどだった。そのほか、国王は春四月の参詣、六月の夏の参詣時には円覚寺、天王寺、天界寺の「三ケ寺」へのお参りも併せて聞得大君御殿へ行幸され、聞得大君の司祭で「御鉢の御前」へ参拝される習わしだった。冬至の三日前には聞得大君のご招待を受け、また歳末のお参りも欠かせない国王の行事の一つだった。

聞得大君の支配下には三人の「阿母志良礼《うふあんしられ》」と称する女神官がおり、「火の神」を祀る御殿が首里に三カ所あった。南風の平等《ふぇーぬふぃら》の「首里殿内」、真和志《まーじ》の平等の「真壁《まかび》殿内」、北《にし》の平等の「儀保殿内《じーぶ》」というのがそれで、総称して「三殿内《みーどんち》」といっていた。その首里の三ケ村、今日の町に相当するのが、その南風、真和志、北でそれらを通常「首里三平《すいみふぃら》」といっていた。

世替わり後、晩年の朝賢

「世替り」で首里王朝が終焉を迎えてからは、首里からは遥か南の島尻は玉城《たまぐしく》村、仲村渠《なかんだかり》の与那川《ゆながー》に身を引き、静かな毎日を送っていた。その頃書き留めておいたのが「琉球見聞録」、「東汀随筆」、「琉球三寃録」である。手元には、「琉球使臣来京始末」、「伊江王子参京日記」、「島津斉彬言行録」、「壬申《じんしん》公文録　琉球藩」はじ

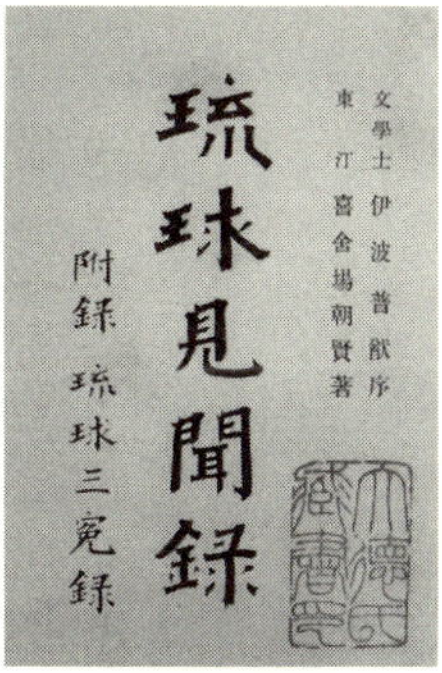

朝賢の著書
『琉球見聞録』

め、多くの琉球処分関係資料があったことだろう。

風呂敷包みに納め大切にしていた和綴じの書き付け、今でいうかなり詳細なメモ、回想録は、琉球で作られた紙、王府公用の記録に用いられた「百田紙《ももだし》」と呼ばれる特殊な紙に記されていた。その紙は朝賢が幼少時代を過ごした儀保村近くの「宝口《たからくち》」というところで漉《す》かれていた。

後年、その頃の日々の暮らしを回顧し、朝賢は「青山忽已《せいざんたちまちすで》に曙《あ》くれば鳥雀舎《ちょうじゃくしゃ》を巡って鳴く」、「閑雲夜鶴《やかく》を友とする」とか「山中暦日無し」といった漢詩風の詩句で綴っている。

第2章

❖

青春の頃

ほのかな恋心〜叔母への密かな憧れ

「喜舎場ぬ次郎《じるー》」少年が十歳か十一歳の頃、子沢山の母、真松の手伝いに母の妹、真牛《もーしー》が喜舎場家に住み込みで来ていた。機織りの技術を母に教わり、いわゆる「婦巧」を身につけるためでもあった。

その朝賢の真牛叔母が来て以来、喜舎場家はこれまで以上に華やいだ雰囲気に満ちた毎日となった。その叔母も母に似て色白でふっくらとした顔立ちの美しい人だった。「次郎少年」にとって、その叔母に対する密かな憧れというか、そのような、いじらしい思いを抱き始めたのはその頃だった。それは若き貴公子「じるー」が初めて抱く恋心にも似た心のうずきだった。

後年、朝賢はその叔母のことを次のように回想するのだった。「裏座敷で、母の側で静かに裁ち物をしているその横顔は、幼な心にも焼き付いています。大きくなりました今日でも私、ふっとその面影が浮ぶのでございます．その叔母も二年ほど家におりましたろうか、嫁いで行ってしまいました。叔母がいなくなって、自分が大事にしていたものを失い、虚ろな淋しさと悲しさがしばらくは続いたことを覚えています。今なお、私が心中に描く理想の女人像といいますのは、いつも母とその叔母のこと、顔だけでなく、すべてが二重に重ねられた姿として浮んでくるのでございます」

百浦添《むんだすいー》と呼ばれていた首里城の後宮、すなわち江戸城の大奥にも等しい御内原《うーちばら》に奉仕する女官たち、彼女らは「城女《ぐしくんちゅ》」として知られていた。うら若い城人はまた特に「城美童《ぐしくみやらび》」として知られ、しばしば城内の若き貴公子らの憧れの的となっていた。その妙齢な城美童の一人を見そめて悶々とする多感な朝賢、それはまた後年、成人した朝賢の心中を占める今一つの忘れ難い思い出となっていた。その多感な首里人《すいんちゅ》朝賢については後段に語るとしよう。

父君、朝苗と喜舎場家

　儒者、喜舎場朝苗は王府の役には就かず、いわゆる「無録の士《さむれー》」だった。その父は「平等学《ふぃらがっ》校《こう》」で臨時の講師などをしていた。その平等学校というのは、初等の子弟のための「村学校」と共に王府の設けた中等の教育所で、その平等学校には王府によって任命された師匠が配置されていた。臨時に出向いて行く父、朝苗の役目は講談師匠としてのそれ、つまり漢文の解釈講義の師匠ということだった。喜舎場家のある儀保には越来御殿、国頭御殿、具志頭御殿などの王子、按司家があって、父君朝苗はそこの子弟たちの訓育にも出向いていた。そのような「出稽古」の師匠は「学斉《がくせー》」として知られ、朝苗はそのような特殊な教育者の一人だった。また逆に平等学校の「学生《がくしょう》」の幾人かが喜舎場家にきて、常時、父「学斉」の教えに与っていた。必ずしも豊かだとはいえない喜舎場家の暮らしを支えていたのがそのような父の働きだった。

　幼いころの「次郎《じるー》」らは、父のそのような「出稽古」、すなわち大名家での「出講」からの帰宅を今か今かと待ちわびていた。出講の帰りに、大名家からは決まって「御《み》ちとう」、「おみやげ」を託されていたからだった。「クンペン」、「花ボール」、「まんじゅう」などの琉球菓子を多勢の子供らに母親の「真松《ままちー》」は小さく切り刻んで分け与えていた。

　能筆家としても知られていた父君朝苗は、しばしば大名家や新築普請の家々から掛け軸や紅唐紙に聯句書きを頼まれたりしていた。成人してからも朝賢は幼少の頃から、家の座敷に「明哲保身」と鮮やかな筆致で書かれた父の書が扁額に収められて掲げられていたことをよく思い出す。冊封使の一人が琉球の書家の書をみて「筆力遒勁《ひつりゆくしゆうけい》、龍蛇飛舞《りゆうだひぶ》の如し」として感嘆したとのことを朝賢はよく覚えていて、後年「父の書の筆致を思わせる言葉であった」と回顧する。

後年、儒学にいそしみ漢籍に親しむようになってから、父のその「明哲保身」が「詩経」にある「四句」と知り「胸に迫るものがあった」としながら、朝賢はその「四句」の意味するところを次のように説いている。「事に当たっては、感情でなしに道理に従って判断し、事物を深く究めることにより、身についた知識に基づき行動する」。つまり、知識はただ単に物を識《し》るというだけでは十分でなく、それに基づいて行動、実行することが大事だ、という儒教の教えである。そしてその教えは、また「四書」の一つである「大学」に記される「格物致知《かくぶつちち》」、すなわち、事物の理を究め、自らが知識を究めて行動するという思想にも相通ずる。朝賢は、儒教者らしい父の一面をこの「四文字」の銘に見、後年、己れの歩んできた激動の世の動きの中でこの銘は、たえず自らの道標《みちしるべ》となっていた。

父、朝苗は他の士族同様口髭《ひげ》を生やし、顎髭《あごひげ》を貯えていた。それで年よりも老けてみえ、威厳に満ちていた。口髭や顎髭を生やすことのできるのは士族に限られ、顎髭は四十を過ぎてからと決められていた。髪の結い方、髪に挿す簪《かんざし》、すなわち、ジーファーが金か銀かで貴賤の区別ができ、口髭や顎髭の有無でおおよその年齢が分かった。

通常の平士の屋敷は十、十一間角ほど、百坪から百二十坪程の構えで、朝賢の育った儀保の家もそれに倣った構えのものだった。家屋の広さ、建坪は家族の多少にもより、厳しい制限はなかったものの、一間ごとの畳の数には一定の決まりがあった。平士、百姓はそれぞれ八帖、六帖以下、親方家の殿地《とうんち》が十六帖以下、王子、按司の御殿《うどぅん》では二十二帖半以下という具合だった。田舎住まいの百姓は四間、三間の茅葺の母屋一棟、それに三間、二間の台所一棟といった制限があった。ただこのような決まりは首里と田舎だけに限られ、那覇では厳重なきまりがなく、貧富の差による大小の差に任せられていた。那覇が港町で、そこには薩摩奉行が常駐しており、薩摩からの来客が多く、薩摩武士への接待、唐との大事な交流の場でもあったからである。

喜舎場家のたたずまい

喜舎場家の建物は古色蒼然としたたたずまいをみせ、客間となっている一番座の床の間には「清水斉月」と書かれた肉太の書が、そして床の上の小壁には先ほどの父君、朝苗の手になる「明哲保身」の扁額が掛かっていた。通常、床の間には三味線箱が飾られていて、中には「二張一対」の三味線が納められ、「飾三味線《かざいさんしん》」と呼ばれていた。一番座の左隣りが「中走《なかばしる》」という引き違いの板戸で仕切られた「二番座」。どこの家でもそこには南に向けて仏壇が設けられ、いわゆる仏間となっていた。一番座の裏側が俗にいう「裏座」で、父朝苗の書斎となっていて、棚には李白や杜甫の詩集はもとより「朱子文集」、「前漢書」、「後漢書」、「唐詩選」、「唐詩訓解」、「史記」、「通鑑」、「小学講義」、「四書集註」、「四書直解」、「易経集註」、「禮記」などの漢籍がうずたかく積まれていた。後年、琉球国の最高学府である「国学」で学ぶことになる朝賢は父君から受け継いできたこれらの漢籍を生涯大事にしていた。

琉球の国学は、江戸時代の「藩学」に相当し、薩摩の「造士館」や肥後の「時習館」といった学問所に類するものだった。幼少の頃から父より漢籍の素読の特訓を受けていた朝賢は、「平等学校」時代後半の頃には「四書集註」、「大学章句」、「論語、孟子集註」、「中庸章句」などの講談を授けられる程になっていた。「唐詩選」、「杜甫詩」、「李白詩」は特に朝賢の愛読書だった。

「二番座」の左隣りが「三番座」、すなわち「仲前《なかめー》」で、母と姉妹たちの寝室に当てられ、昼間は母や朝賢ら子供らの常住の居間となっていた。「仲前」の裏が「庫裡《くちゃ》」で、物を収蔵する「納戸」だったが、そこはまた朝賢が幼い頃、淡い恋心を抱いていた、あの「真牛」叔母の部屋に当てられていたところでもあった。

学問、手習、「筆墨人」を目指して～「国学」への道

朝賢の家の近くには、仲原筑登之親雲上、安次嶺筑登之親雲上、亀田親雲上、仲里親雲上といった士族の屋敷があり、そこの同年令ぐらいの子供たちが遊び仲間であり、「学びの友」でもあった。その仲間と朝賢の兄弟らが毎日一緒に「三字経」や「小学」の素読を仕込まれ、特に「手習」、すなわち習字は欠かせない日課となっていた。それから「揚字《あぎじー》」といって、特に朝賢らの兄弟は父の目の前に正座し、漢詩の清書をやらされた。これは、朝賢の父が学者であったためというより、士族の家ではどこでもやっていたことである。

「学問で身を立てろ」というのが父、朝苗の口癖だった。朝賢自身も、また成人したら、父のように琉球でよく言う「筆墨者《しみんちゅ》」になりたい、と思っていた。家格のある者だけが枢要な地位につける、といった身分、門地の厳しい社会だったために、平士族の五男だった父は、己れの身を顧みてそう口にしていたに違いない。事実また、平士族の次男、三男では尋常一様なことでは王府のいい役職にはつけなかった。学問で「みやだいり」する、つまり王府の官職につくことを強くすすめたのも、そのような事情を父がよく承知していたからに違いない。父が朝賢に特別な素養のあることを認めていたからでもあったろうことは、また次のようなエピソーでもよく分かる。出稽古のない日や暇な時など、父はよく家に客を呼び「うびれー」が好きだった。士族の家では主人が家に客を招いても妻はもとより、女子供を客席に呼び入れることはほとんどなかった。それでも興に乗ると、父はよく朝賢を宴席に呼び出し、「次郎《じるー》、ご披露してみろ」と声が掛かり、漢詩の朗読をさせるのだった。そのようなことがたび重なると、次郎もまた心得たもので、「少年老い易く、学成り難し、一寸の光陰軽んず可からず……」と、黄色い声を張り上げて、宗代の大儒者朱喜の七言絶句を朗詠するのだった。朝賢、六歳のころのことだった。意味もよく分からずに棒暗記するだけだったのだが、客席に喝采が起こると、泡盛で上気し、頬を染めた父は日頃の謹厳さを忘れたかのように上機嫌だった。

また、客席から「もう一つどうだ」と声が掛かると、ついつい調子に乗って「紅碧《こうみどり》にして鳥いよいよ白く、山青くして花燃えんと欲す」という杜甫の絶句を詠じたりした。「この子はなかなかの秀《すぐ》り者《むん》」などと客に褒められると、子供心にも大きな満足感を覚えるのだった。長じては「唐詩選」をむさぼり読み、ある程度のものは諳《そら》んじることができるようになっていた。

村学校所

士族の男子は七、八歳頃になるとほとんどが村学校所に通いはじめた。王城、すなわち御城《うぐすく》の漏刻門には、早朝五時には「頭旗《かしらばた》」が上がるが、その頃に起床することを俗に「暁起き《あかちちう》」するといっていた。村学校通いの男の子は、その頃にはもう登校の準備をしていた。

「上がり明かがりば、書習《しみなれ》が行ちゅん、
髪結《からじゆう》てい賜《た》ぼり我親嘉那志《わうやがなし》」＊

＊『琉歌全集』二五〇四　に以下の「評釈」がある。〜学問のことを墨というのは、墨が学問の代表語となったことを示すもので、本を読むことを墨復といい、学問のある人を墨人といった。学校に行くことを墨習いが行きゆんといい、学問のある人が無道の振舞いをすると、「墨は知って物は知らぬ」といったものである。この歌でもわかるように、昔の子供は随分早く学校に行ったものである。早く行けば姓名の上に赤星がつけられ、遅刻すれば黒星がつけられた。赤星の多いのは褒美を与えられ、黒星が多いのは罰せられたから、子供たちは東が明るくなると学校に急いで行ったものである。子供の時からその習慣を守ってよく勉強した者は大きくなってもよくできて科挙という国家試験にも合格した者が多いという話であった。・・大学に相当する国学と高等学校に相当する平

等学校は尚温王時代（一七九八）に建てられ、小中学校に相当する村学校は尚灝王時代の一八三五年に建てられた。

と詠われるように。自分の髪さえ結えない子らが、夜明け前に起きて母親にどうか髪を整えてください、と頼み込んでいる健気な様子が窺える。御城近くの円覚寺の「開静鐘《けーじょうがに》」が卯の刻、明け六つ、午前六時を告げる「十二声」の鳴り始める頃には、村学校の学童は、それぞれ二人が共有の「経机《きょうづくえ》」のような横長の机の前に正座して師の現れるのを待っていた。学校では「三字経」の素読から始まり、次いで「二十四考」、「小学」、「四書」の順で素読の訓練が続いた。「読書百遍意自《おのず》から通ず」に言う如く、師匠の音読に随いて学生が一斉に声を張り上げるのだった。師匠と言っても村学校では、大抵は年長者、上級の平等学校の学生《がくしょう》が指導に当たっていた。間違えたり、覚えが悪かったりすると、手のひらを机の上に広げて出させ、竹の鞭《むち》で叩かれたものだった。朝賢は父に連日素読を仕込まれていたためにあまり叩かれることもなく、村学校で毎月、一日と十五日に行われる「手習《ていなれー》」と「素読」の試験ではよくできる方だった。その試験では、今でいう席次の一番から三番までが「第一甲」、それ以下八番くらいまでが「第二甲」と呼ばれ、これらの合格者の名前は王府へ届けられ、国王の目にも止まると言われていた。朝賢の席次は素読が決まって第一甲、手習では時たま第二甲の場合があった。村学校は当時、首里に十四カ所、那覇に六ヶ所、泊に一カ所あった。

平等学校

村学校を終えた者で、元服の年頃から二十歳前後の者が進学するのが平等学校《ふぃらがっこう》で、初等教育の場である村学校に続く中等教育の学問所だった。平等学校には早婚の家庭持ちなどの顔もみられた。首里では、真和志《まーじ》、「南風《ふぇー》」、「北《にし》」の三平等に一カ所宛、平等学校があった。通常、村学校で良い成績を挙げた者が平等学校へ進むことができた。平等学校の教科は四書、五経の素読、それに四書、五経の解釈講義である「講談」、さらに作文の「文言《むんぐん》」、習字の「手習」、漢詩や漢文を浄書する「揚字《あぎじー》」、「珠算」、「簿記」などだった。

学生各自の成績は「鎖子側《うざしぬすば》」という役所を経由し、摂政、三司官という王府の最高首脳が目を通した上、国王の閲覧に供される、というほど重要視されていた。各平等学校には按司奉行が配され、按司が今様にいう校長、そして親方奉行が副校長格だった。師匠には講談師匠、文筆師匠が各々一人ずつ配され、それに中取《なかどうい》という主任格が各二人、筆者、すなわち書記役が各二人ずついた。こうして、無事平等学校の全課程を終えた者のみが王国の最高学府「国学」への入学が許されるのだった。

久米村の教育

子弟の教育については、他に久米村には「明倫堂《みーりんどう》」があって、これは久米村の人に限っての村学校、平等学校を合わせたような教育所だった。那覇には「那覇四町学校《なーふぁゆまち》」といって四カ所あった。そこでは、村学校、平等学校と同じような教育を授け、その四町の他にも久茂地、島中にもそれぞれ一ヶ所ずつあった。那覇には都合六ヶ所あったことになる。また泊村には「泊村学校」があって、泊村の住人に限られた教育所だった。国学をはじめ「各学校」は、王府の「御鎖側《うざしぬすば》」の管轄となっていた。

「町方」以外の教育所

町方、すなわち首里、那覇以外の子弟の教育には、各地方の間切に百姓の子弟の教育機関としての「筆算稽古所《ひっさんちいくじゅ》」と呼ばれるものがあった。そこでは、読書《よみかき》、作文、算盤など、実務実用を重視した教育がなされていた。そこを終えた者の中から各間切の書記役である「文子《ていくぐ》」に取り立てられ、やがては「地頭代《じとーでー》」への道が拓かれていて、いわば村吏の養成機関としての機能を果たしていた。生徒は七、八歳から二十歳前後の者まで幅広い層の者を対象とし、人数はせいぜい四、五人といったところだった。師匠には首里、那覇、泊村出身の間切「移住《ちじゅう》」の士族が当たっていた。首里、那覇と違い、この寺子屋式の稽古所は特に農村の事情に配慮した教育方法が取られていた。生徒らは日中家業の農作に従事しているので、師匠の都合をみて朝か晩に通っていたのだった。農村の子弟が学問を受ける機会としては、この稽古所か、あるいは「御殿奉公《うどぅんぶーくー》」といって、その間切を領有する御大名《うでーみょう》の御殿に奉公に上がって、子守りや小間使いをしながら教育を受け、何年か後に村の「文子《ていくぐ》」に取り立ててもらう、といったような道を選ばねばならなかった。いずれにしても農村子弟の学問を受ける機会は少なかった。それというのも、「学問《がくむん》は士《さむれー》の業《わざ》、百姓は耕作《むずくい》」という王府の方針が支配的だったからである。

「清痘」、天然痘に罹る

朝賢の村学校通いは、ほぼ皆出席の情況にあったが、とある朝、異変が起きた。嘉永四年の秋、朝賢が十二歳の時だった。いつもと違って、今日はなんとなく身体がだるく、気分がすぐれない、と思いながらも学校に出かけた。そのうち頭が割れるような痛み、そしてひどい寒気がしてきた。気がついた頃には丸一日が経っていて、家の裏座に寝かされていた。後で聞いたところでは、何でもいきなり机にうつ伏せになり、級友が揺り動かしても反応がなく、大騒ぎとなったとのこと。師匠が抱き起こしたときには朝賢の目がうつろに見開き、顔が赤らんで荒い息づかい。ひどい熱だと分かると、いきなり村学校の書記役の「安里筑登之」が背負って家にかけつけてくれていた。何と天然痘に罹ってしまったのだった。

当時、琉球では、十三年ごとに必ずこの天然痘が大流行するといわれていて、流行病《はやりやんめー》だとして皆、観念していたという。その年がたまたま恒例の流行年にあたっていたらしい。天然痘のことを琉球では「清痘《ちゅらがさ》」と呼び、それが流行るのは「疱瘡神《ほうそうがみ》」の成せる業だと信じられていた。「清痘」という言葉に悪質な疾病を「神のきれいごと、仕業」と観念し、あえて病後に残るアバタを前向きに受け止めようとしていたことが窺える。そのようなところから「疱瘡神御迎え《ちゅらがさうんけ》」という祈願、神頼みの信仰が普通のこととなっていた。どうせ避けられないのなら、いっそのこと「疱瘡神」をお迎えし、祝儀料理で歓待し、病が軽く済むようにとの思いを込めて家人一同が祈りを捧げるのだった。しかし、運悪く、朝賢の妹の「真呉勢《まぐじー》」、「真蒲戸《まかまどう》」、それに「思戸《うみとう》」の三人が感染してしまい、一度に四人が枕を並べて寝込むこととなった。叔母は元気な兄姉弟らを連れて母の実家に難を避けた。

「疱瘡神」への神頼みが聞き届けられたのか、幸い四人とも軽く済み、命拾いをした。一番心配した発疹も額と頬のところ、そして腕と足の付け根に出来た程度でアバタにならずに済んだ。父母の渾身の看病のせいだったのはもちろんだが、それ以上に母の心得ていた特殊療法のお陰だった。普通に処方されるのが「お粥《うけー》」の合間に与えられる「桂枝湯《けいしとう》」、「麻黄湯《まおうとう》」といった薬湯で、それらは高熱と疲労回復に効き目があった。しかし、何といっても母が知っていた秘薬、というか特殊な療法が効を奏したのだった。琉球では「チファファア」として知られる「ツワブキ」、あの野生の「蕗《ふき》の芋」がその秘薬だった。その「チファファア」を擦り潰して、それに酢を混ぜてグツグツ焚き詰め、ドロドロにする。それを冷ました上で発疹の箇所に塗り付け、これも地元で「ンバシ」と呼ばれている「喰わず芋、非食用芋」(里芋に似ている薬草で有毒)の葉っぱで覆い、湿布をするようにしておく。その「喰わず芋」は琉球の野山にはどこにでも自生している。「清痘」を患ったアバタ顔を琉球では「マージャー」といって、よく見かけたものである。

というわけで、朝賢の顔にはアバタはない。後年、母親は「女の子がアバタにならなくて、何よりの幸いだった」といっていたらしいが、朝賢は「男の子ならいいというわけでもあるまいが……」といって苦笑いするのだった。

尚泰王までも

朝賢が罹患《りかん》したその年、琉球国王尚泰は、まだ十歳の幼さだったが、その尚泰王もその「清痘」を患われたということだった。世間では、国王さえ「清痘」にかかられる、といってあらためて「疱瘡神」の力に恐れおののいたという。「御内裏言葉《うでーりくとうば》」で国王のお顔のことを「美《み》うんち」と言っていたが、その「美うんち」は「清痘」を済まされて、それこそ「えらぶてる月」のようであった、という。その「えらぶてる月」というのは古語で、さやかに晴れ上がった月を意味した。「さすがの『疱瘡神』も、国王の御体面にかかわることで、それを穢すことは恐れ多いと避けたのだろうか」と、朝賢は述懐している。

その「清痘」騒ぎは、翌嘉永五年の六、七月頃まで続いた。本島ばかりでなく、離島の島々まで広がっていった。たまたま宮古では「清痘」の流行はなかったらしいが、その代わり四月、六月、七月と次々に襲来する台風で作物は全滅、何千もの餓死者がでた。本島を含めると、何と死者、餓死者は一万二千人近くに及んだ。その様な苦難を乗り越えて、朝賢は無事村学校を終え、上級の平等学校に進んだのだった。

泰王の面影、国王の御側仕え

後年、御近習役の朝賢は、国王のたびたびのお召しで、お側近く侍るようになった。国王は碁がお好きで、中位の打ち手だった。琴、碁、画、書が「君子の四友《しゆう》」と言われるように碁だけではなく、書もなかなかの能筆だった。朝賢のほか、御側仕えの仲間、上間《ういーま》、羽地《はにじ》、与那覇《ゆなふぁ》らにときたま「相手をせよ」とのご下命だった。決まって国王のお相手をしたのは幸地という御近習だった。朝賢はその幸地とは四目ぐらい置く勝負をしていたので、朝賢もなかなかの打ち手だったことが分かる。

また、近習の者どもには、毎日、歌二首をつくるようにとのご下命があり、それがまた大変だった。公式の行事のない折りに、この歌の批評の催しをなさるのだった。しかし、それがまた苦吟の苦労の消し飛んでしまうほどの楽しい催しで、しばしば国王が呵々大笑なさる、と言った風で、君臣打ち解けた集まりだった。その場には、しばしば酒もでて、国王はかなり「御《ご》酒《しゅ》」を過ごされる方で、お酒を召し上がりながら世間話に耳を傾けられることを好まれるようだった。朝賢らがお召しにあずかるのは、「黄金御殿《くがにうどん》」のお部屋の場合も、「御二階御殿《うにーけーうどん》」の東南の角にあるお部屋をお使いになる場合もあった。

国王は、興に乗られると、自ら三味線を手に取られてき絃《ひ》き、歌《うたい》をなさるのだった。時折り松村というお師匠が侍って、「それ……そこはもうそっとこう……」といった具合にお手を入れて差し上げ、また合奏などもされていた。朝賢はその様子を

鳥弄歌声《ちょうろうかせい》管弦に雑《まじ》わる

すなわち、お庭の鳥の鳴き声と管弦の音《ね》が雑り合って……の風情だったとしている。時にはまた踊をお命じになることがあって、その催しが夏の夕暮れどきなどにあると、まさに

流風座に入《い》って、歌扇を翻返《ひるがえ》し、
瀑水階《ばくすいきざはし》に当たって舞衣《ぶい》に濺《そそ》ぐ

に詠われる感興そのものだった。

時にはまた、御側室の「お妻《つま》」、国王は「あやー」とお呼びになっておられたが、正式には「阿護母志良礼《あごもしられ》」……それにお随《つき》の城美童《ぐしくみやらび》共をお呼びになり、お話がはずみ、ご冗談を申され、女房衆の笑い声に包まれることがあった。朝賢はそのような場に侍ることのできた幸せを次のように語っている。「……私どもが、男子禁制の御内原の女官方と同席できたのも『御内原御出入り御免』の御近習役にとっての、冥利につきることだった」と。

国王の嘆き

いつぞや、世間話のなかで、国王がしんみりとして話されたことがあった。琉球には古くから長寿の人には国王みずから褒美を与える習わしがあったが、そのような行事を終えられた日の夕方のことだった。

「人の命は天の定め、寿命というものは、人それぞれに決まっているようだネ。わが歴代のご先祖方にはなぜかご長命の方がおられぬ。聞得大君御殿《ちゅふぃじんうどん》はじめ、皆があれほど神への御祈願をしてくれているというのに……父君の尚育王はわずか三十五歳で亡くなられている。祖父の尚灝王が四十八歳。今日褒美を取らせた首里鳥小堀村《とんじゅむいむら》の仲嶺里之子親雲上は何と百一歳……浦添間切、内間村の宮里筑登之親雲上と那覇泉崎村の渡慶次筑登之の伯母なる者が九十七歳。東風間切、富盛村の知念筑登之親雲上の母親が九十六歳ということであった。まことに世に稀な長命だ。皆、かくしゃくとしてますます盛んな様子であった。腰も曲がらず、目も確かだと申しておった。この四人、尚穆《ぼく》王の時代の生まれというから、乾隆《けんりゅう》三十年頃に当たるわけで驚きのほかはない。思えばその四人の長命者は、尚穆の代から、なんと尚温、尚成、尚灝、尚育を経、私の代にまで生き続けているのだから想像を絶する。「一年ごとに決まって春がやってくる。百年経てば百度の春があるというのに人間は稀にしか百までは生きられないわけだ。一年始めて一年の春あり、百歳曾《か》って百歳の人なし、ということか」、とこう申されて、国王はしんみりとした面持ちでお庭をながめておいでだった。

そのような国王のお話、そしてそのお姿が朝賢の心には強く刻み込まれていた。

城美童への思慕、忘れ得ぬ想い

琉球語のなかで、「城美童《ぐしくみやらび》」という言葉以上に美しい響きをもった語があるだろうか。その言葉に接するたびに朝賢の心中には終世忘れる事ことのできない熱い思いが甦《よみがえ》るのだった。そのたびに、朝賢の心は果てしない幻想の世界に誘《いざな》われ、しばし我を忘れて懐旧の念にひたるのだった。

「美しい童」と書き表されるように、その言葉はまさしく十七、八歳の娘盛りの者達、かの唐の言葉にいう「女子二《に》、七《ひち》」にして国色至る也」に、牡丹の花の異名である「国色」をもって表される如く、娘十四歳のころの最も美しい容色の乙女らのことを指す。「ミツマヌキ」と称する無地の芭蕉衣に身を包み、「御内原《うーちばら》」で甲斐甲斐しく働く乙女らの姿、それが朝賢の心中奥深く宿る「城美童」の幻影だった。

「御内原」、すなわち城の後宮に奉仕する女官達は、先にも触れたように「城女《ぐしくんちゅ》」と呼ばれていた。後宮の神事や城内お嶽《たき》の神拝みを司る女神官、政務を司る男衆の役所から国王へのお取り次ぎを務める上級の女官、国王や王妃のお膝廻り、お部屋付きの雑用係、炊事洗濯などの御用を勤める下司方《げすかた》といわれる小者《こもの》など、上下各種の階級に区別されていた。階級の下の平の「城女」のうち、特に若い者が「城美童」として知られていた。

位の低い城女とはいえ、鬢付油《びんつけあぶら》の香ばしい匂いの沖縄髷《まげ》カラジを高々と結い、その姿は気品に溢れていた。すれ違いに香を焚きこんだ、うっとりとする鬢付油の香り、それに若さでムンムンした甘い体臭とが混じり合って、若い男衆の心を掻きむしった。

「タナシ」と呼ばれる琉球特異の夏衣、芭蕉布の着物は別名「バサー」として広く知られる。芭蕉布は「苧《うー》」ともいい、生の繊維で織られた布が「生芭蕉《なまうー》」で、繊維を煮てから紡いだものが「煮芭蕉《にーばさー》」。いずれも織り目が粗く糊つけが効いて、風通しがよく、大変に軽い。琉球の夏は男女ともこれが手放せない。かの城美童の着用するのは夏冬通して無地の芭蕉布だったが、他に縞《しま》の入ったのも普段着として広く用いられていた。朝賢が外出着としてよく着用するのは絹の混織りの上物だった。その手のもので一色に染めたものは式服で「黒朝《くるちょう》」と呼ばれ、特に藍色一色に染めたものなどは上級士族の式服に供された。さらに、萌黄色に染めたものが「オーバサー」で、王子とか按司とかの位の高い方々が着用した。

初夏の昼下がり

それは、朝賢十九歳のころのこと、「国学」に入学して二年目、まさに青雲の志に燃えている頃のことだった。初夏の昼下がり、円覚寺前のあの円鑑池《えんかんち》沿いのハンタン山の林の間を友人と久慶門へ向かって城の方へと散策の歩を進めていた。

その頃は、かのペリー提督來琉によるアメリカとの条約締結に端を発して多くの異国船が那覇の港に現れ、動揺の余塵がくすぶっていた。それだけではなく、フランス、イギリス、オランダ側からも条約締結を迫られ、苦渋する王府の外交問題、それにともなって王府内では薩摩と琉球との関係がぎくしゃくして何かと騒々しかった。なかんずく王府内では、その中枢を揺るがす、かの「牧志・恩河事件」という騒乱の渦中にあった。そのような王府内の動揺とは何らの関わりもないかのように、傍らの円鑑池のお堀には水蓮の花が一杯に咲き誇り、辺り一面をその香で包み込んでいた。

ちょうどその時、お城の久慶門のあたりから、すぐにそれと知れる白足袋に草履を履いた中年の身分ある城女《ぐしくんちゅ》が、二人のお供を連れてこちらの方へ歩いてくるところだった。朝賢いわく「わたし共とすれ違う前に、その貴婦人、日傘を傾けてお顔を隠されたのだった。『逢客張晴傘（客に逢えば清傘を張り）、白日街頭掩面行（面を掩うて行く）』にいう如く、男性には顔を隠すのが習わしでした。二人のお供のうち、貴婦人の先を歩いて行くのが年寄りで、二、三歩後からついていくのが若い城美童でした。その女《ひと》、背丈も琉球の女としては高い方で、すらっとしていて顔の色はやや浅黒く、下脹れのフックラとした頬のやや面長、切れ目の目元が涼しく品のある淑《しとや》かさに溢れていました」。その一瞬、朝賢は心中「アア……この女《ひと》だ」と呟いた。幼い頃、ほのかに憧れていた叔母と母の二重写しのあの顔、久しく求めていたその面影だった。朝賢は一目みて懐かしさがこみ上げてくるのをどうすることも出来なかった。着ている「ミツマヌキ」の芭蕉布の着物がよく似合う人だった。麻の藍染めの風呂敷包みを両手で抱くようにかかえ、伏し目がちにすれ違う際にほんのりと香ばしい鬢付油《びんつけ》と着物に焚き込んだ丁字香《ちょうじこう》の香が漂ってきた。その瞬間から朝賢は頭の中でその女《ひと》の面影を追い続けるのに懸命で、虚ろで、黙りっこくなり、友の問いかけにも生返事で答えていた。その友は「オイ、喜舎場、どうしたというのだ、急に……。魂《まぶい》でも落としたのか」といって怪訝《けげん》な顔をした。「一日見ざれば三月《さんげつ》の如し」にいう如く、それからは一日見なければ三月も会っていないような、というか、「雲には衣装を想い、花には容《かたち》を想う」というか、何とも落ち着かぬ日が続いた。ほのかな再会の期待に誘われて、毎日、昼下がりのあの時刻、円覚寺の畔《ほとり》を往き来するようになった。その頃のことを、朝賢は後年「私が十九、あの女が十六、七ぐらいだったろうか、その女の名は、もとより知る由もなかったし、いかにも実りのない彷徨《ほうこう》だった」と語り、また

つれなさや　夜々に落《う》てる我が涙
庫裡《くちゃ》　孤衾《ひとりね》の枕濡らち

という「琉歌とも和歌ともいえぬ腰折れ歌を書き留めたのもその頃だった」と吐露している。＊

＊朝賢が「腰折れ歌」としているのは、元歌の「つれなさや　夜々に落てるわが涙　石ぬ袖《すでい》やていん朽ちやすらな」をうろ覚えのまま、下の句を作ったことをいうのであろうか。

思えば、あの時の出会いは、きっとあの汀志良次《ていしらじ》の「聞得大君御殿《ちゆふいじんうどん》」へのお参りのお供だったに違いない。いつの間にか、朝賢はその女《ひと》の名を勝手に「真鶴《まづる》」と決め込み胸に秘めていた。

わが慕う心を君が心となし賜えば、相憶ことの
深きを知り賜うらん、真鶴よ……

の心情だった。お陰で厳しい国学での勉強には精出す事もできず、腑抜けたような片思いの毎日が続いた。書を広げても「マヅル」の面影が浮び、成績は目に見えて落ちてくる。家に帰ってもふさぎ込んでいる朝賢に母も気がついたのであろうか、しかし、そっとしてくれていた。
しかし、日が経つにつれてそのような心の火も次第に薄れていった。士族の男子は十八歳にもなれば結婚適齢期と見なされていたが、その士族社会では未婚男女の交際は許されず、色恋沙汰には罪の意識さえともない、世間の噂、批判が怖かった。結婚相手も親が決めるというとで、結婚の当日にやっと顔を合わせるということも珍しくなかった。しかも、心のマヅルは朝賢には手の届かぬ大奥のご奉公であれば、初めから実るはずのない片思いの恋慕でしかなか

った。「七八門越《ななはちじょう》えて九門《くじょ》にまでぅ待ちしゅすが」＊の勇気などもなく、朝賢もまた親の決めるままに妻を娶ったのだった。そして、何年かの時間が過ぎていった。

＊「七門越えて九門にわねお待ちしゅすが、なまでぃ来《く》ぬ里やにゃゆす連れて」、沢山の門を越えて約束の九門の場所にお待ちしているけれど、一向に姿を見せないあの方は、もしや他の女を連れて遊んで、私のことを忘れたのではあるまいか。『標音評釈　琉歌全集』二〇六八　この歌は、後段にも取り上げる。

衝撃の面影に再び……

それは、朝賢が王府の役人になって初めての正月元日のこと、正殿前の大広庭《うなー》では、「朝《ちょう》のお美拝《うみふぇー》」の厳かな儀式が今まさに行われんとしていた。王妃が御焼香される時の御内原のお供衆の女官の中に紛れもないあの「マヅル」の姿があったのだ。「アツ　マヅル！」と朝賢は動転せんばかりの思いで、その姿に目を注いでいた。マヅルは、あの頃とはうって変わってすっかり気品を備え、成熟した女の色香というか、その美しさには一段と華やかさが感じられた。今や、遠い、遠い所の人となってしまった、との思いで眺める一人の役人……、自分のことをマヅルは知る由もなく、王妃の後から静々と歩を運んでいった。それが朝賢の近習役の王府の役人として過ごした長い間にも二度と再び相見ぬ、意中の人の幻影を胸に刻み込んだ最後の日となった。

朝のお美拝

男子禁制の息づまる御内原勤めの女官にも年に二度は男どもの詰める「表」へ晴れて顔を出せる機会があった。元旦と冬至の日に執り行われる「朝のお美拝」がそれだった。「朝」という言葉には「一日《ちいたち》」という意味があり、「お美拝」には天に拝謁して天機を伺う、との意味があった。元日の朝、明け六ツの「開静鐘《けーじようがに》」が鳴り響くのを合図に城門が開かれる。まず、礼装に身をかためた「ワカウビー」と称する「若水」を携えた一行の入門が済むと、衣冠束帯の礼装に威儀を正した百官有司が次々と登城する。大広庭の龍柱の左右一面には白砂が敷かれている。この「米蒔《ゆねま》き」の作業は、石奉行が自ら石大工《いしでーく》の頭《かしら》の「惣大工《そーでーく》」を引き連れ、元旦早朝に登城し、真っ白な砂を敷き詰める。五穀の豊穣を祈願して雪のように真っ白な真米《まぐみ》の恵みをとの祈りが込められている。

大庫裡《うふぐい》ぬ簾《しだい》まき上《あぎ》れ童《わらび》
　世果報《よがふう》しにゅくる雪《ゆち》の降ゆさ

正殿、すなわち「唐玻豊《からふぁーふー》」の表座敷、大庫裡に掛かっている簾を巻き上げてみよ童、豊年の支度をする雪が降っているよ、との歌にみる情景である。また真っ白な米を「雪の真米」として称える歌には、第二尚氏十一代の国王尚貞の次のような詠歌が知られる。

銀　臼中《なんじやうすなか》い黄金軸《くがにじく》立ていてい
　計《はか》てい盛《む》てい余る雪《ゆち》ぬ真米《まぐみ》＊

＊『琉歌全集』一五六の（語意）に、「なんぢや」銀、南りょうと書く。質のよい銀。質の悪い銀には
ヤンジン（洋銀）という、とあり。

銀の臼に黄金の軸を立てて脱穀した米を計ってみると、盛って余るほどの出来栄えで、その米はまた雪のように真っ白で美しい。この国王尚貞の御代には、しかし、かの丑《うし》年の大飢饉という皮肉な運命に遭遇しているが、一方ではまた、土木事業を盛んにし、方々に石橋をかけた功でも知られる。

「朝のお美拝」の日には、北御殿の傍らには「五方の旗」と呼ばれる色とりどりの吹き流しのような旗、つまり旒旗《りゆうき》が五旒掲げられる。「五方」とは、東西南北、それに中央と、およそ地上すべての方角を意味する「陰陽五行」の思想に出るものである。やがて太陽が水平線に顔を出し、払暁を告げる頃には、その五旒の旗は、その燦然と光り輝く「明けもどろの花」を背景に得も言えぬ光景を醸し出す。そして新春を迎えるにふさわしい瑞祥の雰囲気を辺り一面に漂わせるのだった。

奉神門の左手、「君誇《ちみふくい》」御殿の前の庭には銅鑼を二つ吊り下げた「銅鑼《とんろー》」、金属製の皿の三ついた楽器で現代楽器のシンバル様の「三金」、今日でも普通にみられる「三板《さんはん》」、「哨吶《つおな》」と

呼ばれるチャルメラ、立琴の「胡琴《こうきん》」、「横笛《ほんあう》」といった唐の楽器や琉球の三味線などが並べられている。そして、「楽正《がくせい》」と称する指揮者の音頭で「楽師」が「哨吶」を奏し、若い小姓役「楽童子《がくどうじ》」が横笛を吹き、銅鑼を叩いて新春の気分を盛り上げる。その楽が儀式のときに奏でられる「御座楽《うざがく》」で、明国や清国流の楽、いわゆる唐式の楽器による唐楽である。四つ、午前十時になると、楽を合図に御書院の「里主」連が「御火」を恭《うやうや》しく運んで御香爐に焼《く》べる。

王国最後の冊封〜御内原、国王冊封の儀

琉球国王尚泰に対する冊封の儀の執り行われたのは、一八六六年、日本の年号でいえば慶応二年、丙寅《ひのえとら》の年、清朝の同治帝の五年目だった。「寅の御冠船《うくわんしん》」として知られるこの冊封の儀に初めて「通事《とうじ》」として王府に仕官することとなったのが朝賢二十七歳のとき、若くして宮仕えを始めた俊才朝賢には、これが琉球王朝最後の冊封となろうなど、当初は思いもよらなかったに違いない。朝賢が「御近習役」を拝命するのは、その二年後、二十九歳のときだった。

北ぬ御殿

王城正殿前で行われる荘厳極まりない冊封の儀の後の祝宴は、正殿に向かって左手の建物、北殿で執り行われた。唐の国からの使者の歓待をはじめ、唐へ国王の勅書を持参して行く場合の儀式も「北《にし》ぬ御殿」として知られるその北殿で行われた。正面の石造りの階段を登って玄関を入ると、そこには間口三間、奥行き五間ほどの大広間がある。さらにその奥には一段と高い

壇、この大広間の間口と同じ三間の間口、奥行き一間、高さ二尺の舞台風の壇がある。この広間は高牖延薫《こうゆうえんくん》の間」呼ばれ、この広間を中心に左右には八帖の間が四部屋宛に区切られ、あわせて八部屋あった。冊封の儀式後の祝宴の執り行われたのがその「高牖延薫」の間だった。普段は王府の中枢機関である「御評定所《ぐひょうじょうしょ》がおかれ、王府の最高の廟儀、「御評定」の場に供されていた。そこはまた、「表十五人衆」の出仕するところでもあり、十五人衆、それぞれの役所の庶務を司る「申口《もーしくち》」という諸役人の詰めるところでもあった。表十五人衆というのは、王府の重要な政務を協議する役所の長官と次官ら十五人のことを指す。

身分の高い方々の出仕は、奉神門の脇を通って行くか、漏刻門をくぐって真直ぐに進み、北殿の北の方の階段から上がって建物の西側から入るようになっていた。朝賢のような「平士」らは瑞泉門に入る手前から漏刻門の東へ通じる細道を辿り、日影台の側から北殿裏の入り口へと行くことになっていた。また、北殿へは城の北の御門、久慶門から入り、右掖門を通って北殿東側の入り口へと進むこともできた。ちなみに、かのペリー提督率いる上官の幾人かが王府の重臣方との会見を果たしたのが北殿の「高牖延薫の間」だった。

南殿・御書院

北殿が「唐のお取持《といむち》」の場であったの対し、南殿《ふえーぬうどうん》は「大和の御奉公」の場で、両者は厳に区別されていた。南殿は、入母屋造りの二階建てで、大和のそれと赤瓦の違いは別としても全く同様、和風の建築様式である。北殿の趣と違うのは、柱が建物の内部、外部を通じて太い角柱で支えられていること。外壁は正殿と同じく堅板張り。中の部屋は、二階も下も、内壁は白の漆喰ぬり。小部屋が多く、すべて畳敷き。部屋の造りは「長押《なげし》」を回し、天井は竿縁《さおぶち》の「格《ごう》天井」で北殿と同じだが、高い天井ではなく、すべてが和風の設えだった。朝賢は、大和の建築の専門家がこの様式は、桃山時代から江戸初期のものではなかろうか、としていたことを耳にしている。

南殿では、薩摩方、薩摩の役人を接待する催しが度々行われた。正式な接待には主に二階があてられた。琉球では「お国元」薩摩の在番奉行のことを普通には「ゼーバン」といい、那覇の港の近くにあったその奉行所を「御仮屋《うかいや》」といっていた。そのゼーバンや「お国元」からの使者の接待がすべて和風の「お取持」で、この南殿で行われたのだった。また、「お国元」の薩摩や江戸上りに際し「大和旅」の正使に国王の勅書を託する儀式もここで執り行われた。

ということで、その薩摩のことを琉球では「お国元」といっていて、公の記録や書状、薩摩での口上の際に使われていた。しかし、朝賢は後年、この「国元」という用語が本来、他国にいて自分の国のことをいうのであって、いささか不自然な使い方だが、当時は別段気にもかけなかったとしている。ちなみに琉球では自国のことを「ご当国」といっていた。

また、この南殿、十二月二十七日の「歳暮の儀」とか元旦や冬至の儀式の後には、決まって重臣方に料理が振る舞われ、いわゆる「賜餞《しせん》の間」としても使われていた。料理はすべて城内の「大台所」で用意された。

南殿の裏手にも建物があって、そこが「御書院《ぐすいん》」で、国王が政務のお取り次ぎを受け、また謁見を賜る場が特に「御書院ガマ」と呼ばれる「奥御書院」で、国王は御内原、すなわち内院からそこへお出ましになるのだった。謁見を賜るといっても色々の場合、例があって、時には日に何度もお出ましになることがあった。例えば、新たに知行を賜った者、位階の昇進、元服の御礼挨拶、冠を頂戴する場合、按司の嫡子方が「名島《なじま》」拝領の時、大和、薩摩への慶賀使、謝恩使などの御使者、渡唐人衆《とうにんじゅ》といって唐への進貢船やそれを迎えに行く接貢船に乗り込む御使者方への謁見等々。またそのような方々からの拝謝をお受けになったり、御報告を聞かれたり、賜餞の儀など、まことに多忙な毎日であったこと、それに色々な儀式に応じて、その都度、衣替えをなさる事など、朝賢は身近に見聞していた。

御書院には書院方と言って、奉行をはじめ国王の書簡を起草する右筆などが詰めていた。この役所は、国王から唐や大和への御進物や、国王がお受けになる献上物の取り扱いをしていた。また「公界《くげー》」といって、国王が祝宴を催されることに関わる仕事を所轄していた。だから「活花」、「茶の湯」の奉仕をする「茶道役」、「庖丁人」、「菓子作り」などが配置され、ほかにも給仕役と音楽を受け持つ「二才小姓」や「童子小姓《わらび》」という役もいた。

南殿の東側にある建物の中にあるのが「御近習方《ぐちんじゅうほう》」の詰め所で、「近習頭」が一人、その下に六人の「近習役」がいて、朝賢はその一人だった。

御内原への道筋

御内原は正殿の裏、東一帯にあって、そこへの道筋には、四通りあった。一つは城の東南にあって通常赤田御門《あかたうじょう》として知られる継世門を通り、長い階段を登りつめたところにある美福門を通り抜けて御内原に足を入れる。その美福門は通り抜けの長い御門で、普段から薄暗いところだったので、俗に暗御門《くらしんうじょう》といわれていた。

次には城の北の方の久慶門を通り、さらに右掖門《うえき》を抜けると淑順門《しゅくじゅん》に至る。この門は「みもの御門」とも「うなか御門」ともいい、そこをくぐると、もう女官の居室があり、御内原である。三つ目が正殿からみて左脇という意味の左掖門を通れば、「黄金御殿《くがにうどうん》」や「御二階御殿《うにーけー》」の庭へと出る。四つ目は、南風《ふえー》の御殿から棟続きの御近習所を通り、廊下伝いに「黄金御殿」へと通じる。国王が御内原と御書院を往復なさるのは、この道筋だった。

厳しい掟と仕来り

御内原への出入りを取り締まるため、色々の掟があった。「故なくして御内原門へ入る者は寺入り九十日、御内原御殿へ入る者は寺入り百日、御前《うめー》、御座内《うざない》へ入る者は一世流刑、国祖母様、国母様、御妃様御在所同罪」、また「ゆえ無くして刃物を持ち御内原御殿に入る者は一世流刑、御内原御殿に入る者は長遠流《ながのおんる》」、「御内原御囲垣を越ゆる者は一世流刑」というように。

門番に対しても「御内原御門番、其他取締りの役々、わざわざ差し許す者、各犯人と同罪」と厳しかった。

「寺入り」というのは、五十日未満が「近所寺入り」で、首里末吉にある遍照寺や那覇の識名にある神応寺、又は首里北西方にある浦添の龍福寺に寺預けになること。五十日以上、百日未満が「中途寺入り」で、宜野湾普天間にある神宮寺、または北の国頭金武村にある観音寺への寺入り。百日以上五百日という長期の寺入りは「遠所寺入り」といって、実際には「所払い」、そのうち四百日とか五百日などというのは、凡そ罪としては二年から三年の「流刑《るちー》」に当たる。流刑も「一世流刑《いっしー》」、これは終身刑の流罪で、死罪に次ぐ重罪だった。

ちなみに、かのペリー提督艦隊来琉の際に惹起した、いわゆる「米艦所属の水兵ボード殺害事件」に関与した下手人として裁きを受けた渡慶次に下された判決が「八重山島への一世流刑」だった。どうしても早急に犯人を提督の前に差し出さねばならなかった王府にとって、急遽犯人をでっち上げしなければならなかった王府側の秘策などの背景はともかく、その判決の「手形」の現物史料の写真については、筆者がもう何年も前に刊行した「琉球・異邦典籍と史料」、一二〇頁に紹介しておいた。

琉球の流刑、とくに期限付きの「年季流《ねんきる》」といい、四年から六年くらいまでの流刑は本島に近い離れ島の渡名喜島、粟国島、久米島といった島への流刑で「近流《きんる》」といった。八年くらいになると、やや遠い宮古島などの離島、これを「中流（ちゅうる）」といい、十年以上が「遠流《おんる》」で、先島の八重山やその離島への流刑だった。よほどの重罪、例えば「邪術を以て人を惑わし世上の妨げになる者」といった罪を犯した者や「罪人配所へ引渡しの砌中途において奪取する者」などが「一生流刑」になった。流刑は俗に「舟に乗せられる」といって、恐れられていた。

もっとも、流刑といっても流刑の地で獄舎に繋がれるということはなく、妻子眷属と引き離し、遠い離島に追放するという精神的な苦痛を与える目的の刑罰だった。流刑人は流刑の地で島役人の監督指図はあったものの、畑仕事に雇われたり、ましな方では、そこの村長ともいうべき「地頭代《じとでー》」、宮古、八重山などにおける地頭代に当たる「頭《かーら》」という島の最高責任者の家で「下人《じにん》」として雇われ、概して縛られない自由な生活ができた。その上、土地の女を娶って世帯を構えることさえでき、「年季流」で年季が明けてもそのまま住みついたりした例なども見られた。

また、例えば船の難船などに際し救助の功が顕著だった場合など、地頭代や頭などの情状申請を受けて、王府から年季に構いなく流刑御免の御沙汰がでた。それに国王即位の際には、必ず恩赦が出された。流刑地からの逃亡を「欠落《かけおち》」といっていたが、そのような事情で、欠落の例はあまりなかったという。それもそのはず、一生流刑でなければ、刑期が終わればまた元の所へ帰る、すなわち「帰帆《ちふぁん》」できたわけだから。

日本の江戸時代の流刑も流刑人に家族から金子《きんす》や差入物を許されたり、流刑地では水汲み女などを娶って家を構えたりすることも許されていたらしいことなど、朝賢にはやはり琉球での扱いに相通じるものなのだなと思えるのだった。その点、男子禁制の御内原での取締りが厳重だったことも、将軍の大奥に通じるものがあるのだと朝賢には思えた。

御内原には、大奥のように側室方も大勢おられ、城女達《ぐしくんちゅ》もいる女人の舘《やかた》だから、取締りだけではなく仕来りも厳しく守られていた。御内原では祭礼や儀式の時など「王妃」と「国母」が同席されることがある。その場合の着席は上座、下座の区別なく、向かい合って着席される習わしだった。聞得大君は王妃の次の位というお取り扱いだった。

琉球王府の官職も制度も「大明の礼学を用いる」ことに始まり、御内原のそれも大体において「明礼」に準じて仕来りができていた。ちなみに、明礼によると、天子のお側に侍るのは第一に皇后である「后」「おきさき」、次に「夫人」と称される宮女、その他「世婦」「嬪《ひん》」「妻《さい》」「妾《しょう》」といわれる宮女がいた。「后」以外の宮女は、いわば御殿女中のなかで天子の寵愛をうけた女性で側室とか愛妾といわれる方々。「三夫人、九嬪、二十七世婦、八十一御妻・・云々」と明礼にある。

後宮三千?

よくいわれる「後宮三千人」とは、いささか誇張にすぎようが、皇后の他に百人を超す側室、愛妾を抱えることができるのが天子のご身分。

琉球の場合、夫人、嬪、世婦、御妻、妾といっても、皆同じ側室、愛妾の身分であって、お取立ての違いがあっての呼び方の違いだった、と朝賢は解している。

日本の奈良町時代の朝廷には「皇后」の他に「妃」、「夫人」、「嬪」という側室がおかれ、これを「三色《さんしき》の妃たち」といい、「後宮」と呼ばれていた。皇后がお生みになった皇子がもとより皇位継承の第一順位だが、数多い側室方の中でこの「三色の妃たち」の産んだ皇子に限っては、皇位継承の資格があった。つまり、側室方のお取扱いの違いが呼び方の違いになり、側室方の位の順序を表していた。

御内原では明礼にいう「后」はいうまでもなく「御妃《うふぃー》」である。これはお一人に決まっている。夫人は明礼のとおりの夫人の位であって、「按司《あんし》」あるいは「阿ん志良礼《しられ》」といった。大名方の家系やその血筋を引く上流階級、「御殿、殿内」の子女が御内原位入りして国王の御寵愛を受けられる、それが夫人である。

また、時には国王のお目にとまり、お手懸けになった城女が城美童からのお取立てによってなられた方々もおられた。もともとそのつもりで御内原にご奉公に上がらされた者もいたはずで、実家の思惑がからんでのことだったろう。夫人、これはもう数はそれこそお好みに応じて、といった具合。「真南風の阿んし」とか「西の阿んし」あるいは「東の阿んし」といわれた、いわゆる「大奥の御部屋様」である。夫人には米二十石が御扶持米として「大美御殿」から支給された。

尚泰王には六人の「夫人」が居られたが「夫人」の数としては歴代のなかでも多い方だった。朝賢は、「明礼」にいう「世婦」は御内原では「夫人」の扱い、つまり夫人、世婦の区別なく、みな夫人だったと解している。

「嬪」に相当するのは御内原では「御妻《おつま》」といわれる「阿護母志良礼」である。朝賢の時代以前は「うちかた」といっていたらしく、国王のお手懸けになり「御産子《うみんぐわ》」を産まれた御内原の城女か城美童、あるいは身分の低い田舎の者で、みめ麗しく、たまたま国王のお目に止まり御内原入りして「御産子」を産まれてお取立てになる。出身地の名をつけて「某々の阿護母志良礼」と呼ばれたが、普通には「某々のアヤー」といわれていた。このお妻は、そのお腹になる「御産子」からもアヤーと呼ばれ、国王もアヤーとお呼びになっていた。

「阿護母志良礼」のお取扱いは三司官の令室よりは上座に着く位で、大美御殿から十石の御扶持米が支給された。このお妻もお取立てはお好みに委せてという次第で、尚泰王の祖父に当たる尚灝王は、お二人の夫人のほか、八人の「御妻」をもたれたといわれる。

琉球で「ユーベー」といっている「妾」、お妾《めかけ》のことは、おしなべて明礼にいう夫人、世婦、嬪のこと。したがって御内原では特に明礼にいう「妾」についての扱いはない。強いていえば、その昔、「按摩衆母志良礼《あましよむしられ》」という呼称のあったことが知られる。もともと、それは王子や按司の子供を産まれたお妾のことで、国王のお妾もそう呼んだらしい。朝賢は「阿んし」と「阿護母志良礼」で手一杯で、それ以上の区別に必要がなくなったのであろう、とする。というより、一々区別をつけてお取立てになると、「王家の財政がもたない。したがってお取立ても夫人、お妻に限られるようになったのだろう」との憶測をなしている。ということで、実際には、その他にも国王の御目に叶った御手懸の女官も数多くいたらしいが、それらは別にお取り立てもなく、身代金を賜って宿下りしたようである。

朝賢の聞書きの相手役を果たした、かつてのお城女、老女にしても、その辺りの事については多くを語ろうとしなかった。とはいえ、身ごもったまま、宿下りして産まれた王子、王女でお取立てもなく埋もれてしまった方々も多かったらしい。

王妃はもとより、夫人や御妻にしろ、「御産子」特にそれが王子方であれば、いずれは一家を創立されて「御殿」と名乗られる。それだけに夫人、御妻の権威も高くなる。いわゆる「お腹様」になるわけだから、その王子方の御取立て、時と次第によっては、国王の母君、「国母様」、「大按司志良礼」になられるのだから。もっとも、お世継ぎは「王妃」のお腹と決まっていて、男子のご出産なき場合は、夫人のお腹と決まっていた。

また、夫人や御妻は御自分の親兄弟の士分へのお取立てはもとより、屋敷地の下賜があるなど家門の名誉にもかかわり、無理からぬ話だった。氏《うじ》なくして玉の輿《こし》にのれるのは、この方々に限られていたわけだから。

蛍大名！

さらに、居ていただかなければ国王の血統の途絶える心配もあり、夫人、御妻の親兄弟、縁者らが娘のお陰を蒙るのは当然のこと。江戸時代に「蛍《ほたる》大名」の異名を奉られた大名があったことが思い出される。つまり、娘が大奥に上がって将軍の寵愛を受けると父親が士分に取立てられ三百石ほどの扶持を賜ったという。兄弟達までお取立てに与って、なかには娘のお尻の光で大名にまで出世した者がいたとか。「蛍大名」とはよくいったもの……

ということで、己れの王妃や夫人の出ることが競争になった時代もあっただろうし、何はともあれ、王室、特に国王とのご縁ができることを望んで娘に御内原入りをさせた親たちも多かった筈である。蛍大名を望んで。

その昔、奈良朝では各地の地方の豪族から見目麗しい娘達を朝廷に差し出したと歴史は語っている。すなわち妥女《うねめ》がそれである。琉球では、しかし、そういうことはなく、御内原にご奉公に上がる女官らは姓《うじ》、素性のはっきりした者であり、それが田舎出であってもそこの旧家の生まれで、器量の勝れた娘達であったことは紛れもないことで、妥女のように差し出されたものではなかった。
いちがいに「城女」といっても、国王の身の回りの世話をし、御内原を取り仕切る「大勢頭《うーしどー》部《び》」という最高の女官もおり、御内原の神事、祭事を司る「司雲上按司《ちかさくむいあん》」とも「司雲上御殿」ともいわれ、国王のご姉妹のうちからなられる女官もいた。また、掃除、洗濯などの雑用をする下役の若い城美童、それに後年、朝賢の聞き書き役を勤めた老女のように「御住居所《うしゅめーじゅ》付き」の女官など、いろいろの職に携わる女官らが詰めていた。

「一引き、二運、三器量」

御内原には、ざっと百名近くの城女たちがいたと思われる。王妃はじめ、国母、時には国祖母、それに夫人や御妻が大勢いて、そのご親戚方それぞれのお屋敷で御祝儀があるとき、御初物とか何々の祭りの御初物といって、御内原へのお届けがあった。お抱えの上手な織り手、「布織《ぬぬうやー》り」の仕立てた紬や上布といった品々が献上された。
その使いに御内原に参上した娘がたまたま国王のお目にとまって御内原入りする。御親戚筋からの口聞きで奉公に上がった城女や城美童方は、いろいろと御ひいきがあって幸せである。ということで、巡り合わせがしばしば出世のきっかけになる。これは御内原という「奥」に限ったことではなく、王府の男衆の執務の「前《めー》」についても、とかく巡り合わせの運不運がある者の一生を左右することがあった。それには、しかし、男でも女でもやはり備わった器量が物をいう。特に女の場合だと顔立てがよいだけでなく、物覚えもよく、機織り、裁ち仕事など何でも器用にこなすといった器量才覚があってはじめて、「引き引き」や「巡り合わせ」に恵まれ、立身につながった。

特に女だけのお城ゆえ、あまり目立ちすぎても嫉妬や中傷、足の引っぱりを招きやすい。表面は華やかでも、裏にはある種の陰気な空気の漂う世界でもあった。

男の世界から隔離された禁男の悩みが昂じての暗黙の対立は特に国王のご寵愛の濃淡によって左右されるだけに激することもあった。かつて、尚灝王の八人の「お妻」をめぐる諍《いさか》いがよくその裏を物語っている。

「又吉アヤー」、「宮城アヤー」

尚灝王の「お妻」に「又吉《まてーし》アヤー」といわれた方、その方の妹も同じく尚灝王の「お妻」で「宮城《なーぐしく》アヤー」といわれ、この姉妹二人の「お妻」が、いたく尚灝王の御寵愛を蒙り、終いに「又吉アヤー」の讒言《ざんげん》によって、次々と他のお妻が退けられ、悲哀を味わっている。朝賢は、ふと「粧閣《そうかく》を閉じて朝《ちょう》より下りて相迎えず」、つまり、後宮の自分の化粧の間も王様のご寵愛がなければ必要がないので閉じてしまい後宮を退いた今、ついに王様のお召しもない、との「宮女寵なくして進御《しんぎょ》の望みを絶つ」とのお妻方の心境を思い浮かべていた。

城女たちで御内原の「寄満《ゆいんちゅ》」といわれたお台所に御奉公する賄方《まかないがた》には通い奉公のお勤めの者

もいた。また、城女は月に四、五日の宿下りが許されていた。しかし、お城外での逢瀬を楽しむなどということはとても無理だった。城女で亭主持ちもいたわけだから、これは例外だった。「大美御殿」での催しもの、踊りや、琴、三味線の音楽の催しがときどきあって、それは御主人方にお供して出かける城女の慰めであったという。しかし、そのような催し物のときでも「組踊」のなかの色恋物は一切ご法度だったという。

男女の性

この御内原、いかにも色恋などご法度であっても、男子は「高アザナ」の漏刻番のほか、特にお役柄の限られた男しか足を踏み入れることのできないお囲垣であっても、「前《めー》」に男がいて、「奥」に女が居住するとあれば、そこはそれ男の性《さが》、女の性というものがウズク。朝賢は、そのような微妙な環境、情況を「遠くて近きは男女の仲」といって、次のような琉歌に思いをいたす。ちょっとしたきっかけで垣間みた城中の男どもを恋い、若い士《さむれー》共が城美童《ぐしくみやらび》を慕う隠れた恋があっても不思議ではない。それは「うみないび」、王女方とて例外ではあるまい。すでに触れた次のウタがよく引き合いにだされる。

七、八門越《しちはちじようく》ういてい九門に行《い》じん
約束ぬ無蔵《んぞ》や当てんねらぬ＊

＊『琉歌全集』一〇七には「ななやじょやー」、「くくぬじょに　んじん」とある。また「王城内には、地方の旧家から美しい娘たちが選ばれて、宮仕えしている「城人」とか「城みやらべ」とかいう女性が大勢いた。それは古昔の采女に似ていたが、采女に恋人があったように、彼女らにも恋人がいたと見えて、色々の伝説が残っている」とも。

御内原へ行く七つ八つもの関門を通って、やっと九門にたどり着き待っているというのに約束した筈のあの女は何時になったらくるのやら……折角命がけの危ない思いをして偲んでいったのに、と苛立たしい、やるせない気持ちを謡った琉歌である。そんな思いは男に限らず、女の側にもあったはず。

七門越《く》ぃてぃ九門にわなねお待ちしゅすが
なまで来ぬ里やにや他者《ゆす》連《ち》りてぃ＊

＊『琉歌全集』二〇六八参照。

苦労に苦労を重ねてやっと抜け出てお待ちしている私なのに、一向に現れないあの方は、もしかするとそこで他の女に出会い、その人と連れたって行ってしまったのではないだろうか、女の思い詰めた「性」が迫ってくるような切ない嫉妬心でもある。異性に巡り会えない境遇の女官たちがやっと約束のできた男を命がけで待つのだから無理もない。

もっともこの歌、いずれも想像に立っての男女の想いを歌ったものと考えられ、実際には厳しい取り締まりであったから、一つの門を潜ることすら難しい。だから、七門、八門などとはとても無理だったろう。

*

＊そのような朝賢の推測とは異なり、『琉歌全集』二〇六八の「評釈」には、「王城内には、沢山の女官や城人という女房達がいて、それぞれパートナーがあって密会しているのは公然の秘密だった」ともある。

「みもの御門《うじよう》」こと、淑順門《しゆくじゆん》を登り詰めて女官室へ行く辺り、そこは城の石垣に沿った高台である。物見台にもなっていて、北の方に向かって目を下にやると円覚寺の大伽藍や僧房が見下ろせる。時として、女官らはこの物見台に上がり、哀愁の目を遥かな故郷に向けてしばし心を慰めたりすることがあった。そんなある時、

真物ざな登て円覚寺見れば
隠れ墨坊《すみぼう》さが手巾《ていさじ》ちゃやげな

物見台から円覚寺を見やると何と、浮世を隠れて墨染めの衣を纏《まと》ったはずのお坊さんがこちらへ向けて布《きれ》を振っている。浮き世離れの坊さんもいつもは異性と相会うことは許されないわけで、互いににたような世界に生きる女官との一瞬の出会いであり、そぞろ哀れを催す琉歌である。＊

＊『琉歌全集』五〇二の「語意」に「真ものざな」首里城内の物見台。「かくれすみぼさ」世をのがれて墨染の衣を着ている坊さん。「〜手巾ちゃげさ」、「ちゃげさ」持ち上げる、とあり。また「評釈」には、華やかな女性を見れば、浮世を捨てた筈の坊さんもつい里心を起こして、手拭を振って見せたと思われる。あるいは城内の女性の中で、密かに坊さんと会っている者がいたのではないかとも思われる。いずれにせよ、城内の女性といい、坊さんといい、共に異性に会うことのない境遇が憐憫《れんびん》の情を催さしめる、とある。

「ウエーダイ」一途……

そのような哀切溢れる琉歌を思い浮かべながらも、朝賢自身は、若き日に、いかにも「片思いをした」ことはあっても、まずもって「首里みやだいり」一途だったという。

首里加那志みやだいり
淀《ゆどう》ぬ無《な》ゆみ

ということで、国王にお仕えするご奉公に淀みがあってはならない、怠ってはならない、で「ウェーダイ」一途に励んだのだった。

窺い難い「大奥」の内実

大奥の様子は、常人には近寄りがたい深い霧に包まれた世界である。それでも役目上、朝賢は例えば御内原に奉公をしていた年寄りから聞き書きしたりして、その様子を記憶に留めていた。

御内原のことを一般には「奥《おく》」、公式には「内院」といい、御内原の取り仕切りのことを「御内証向《おないしょむき》」といっていた。御内原の話は、当時、女官達も口外することを憚《はばか》っていた。御内原はもとより国王を中心とした女人の城で、男子禁制の大奥である。城内男衆が執務をする「表」と違って、長い伝統と慣例とを有する女の舘《やかた》であり、特別な仕来りがあった。

内裏言葉

まずその第一が言葉遣い。琉球の言葉遣いは、「大名《でーみょう》」、「士《さむれー》」、「百姓《ひゃくそう》」と、それぞれ身分階級によって大きな違いがあった。御内原の言葉は、またそれらとは異なる特別な用語、用法を有し、「内裏言葉《うでーりくとぅば》」として知られていた。朝賢がかつて、それらについて教えを乞うことのできた老女は、「ご奉公に上がって、しばらくの間苦労したのが、その内裏言葉を覚え慣れることだった」と口にしていた。その老女、何でも十七歳のとき、さる御方の「御住居所《うしゅめーじゅ》」付き、お部屋詰めの「お茶御差上《うちゃうしゃぎゃー》」、つまりお茶汲み女中としてご奉公に上がったという。それは丁度、尚泰王の御父君、尚育王の御逝去の年で、かの「波之上の眼鏡」がやってきた翌年のことで、国内が何かと騒がしくなった頃だった。以来、老女は三十年あまりも御奉公に励んだという。そして、「御住居所」付きの「御衣裳御拝《うえーんすうがん》」という着付け役を授かるにまでなったらしいが、なんでも季節ごとの衣替えから、儀式、神事、祝儀にお出ましの際の作法などをきちんと守るのは、いかにも年期の入る仕事だった。ちなみにこの老女、長年の御奉公で御内原のいろいろな儀式も神事も見聞きし、かのペリー提督一行がやってきたときには、御内原の女官方が、ジーッと身を潜めていた話など、朝賢に数々の思い出を語ってくれたのだった。そしてお城からお暇を頂いたときは、髪に白いものが混じり、五十に手の届くようになっていたという。住み込みの御奉公だったので独り身のままだった。

　御内原の城女達《ぐしくんちゅ》は自分の勤めの一定の場所以外には勝手に歩き回ることが許されなかった。入ってはならない部屋、通り抜けてはならない御廊下といった御法度の数々があった。それに礼儀作法といえば、まず言葉遣い、「内裏言葉」が基になる。

　国王のことを御内原では、何とお呼びしていたのだろう。まず国内の公式の記録には「聖《せい》上《じょう》」とも「主上《しゅじょう》」とも、また「上様」とも誌される。例えば「聖上遣使賀賜御花一籠御玉貫一双（せいじょうつかいをつかわしがするにおはなひとかごおたまぬきいっそうをたもう）……」といった風に。尚灝王がご病気で隠居され、尚育王が御相続された時の公式文書には「上様御隠居、中城王子様へ御相続……」のように「上様」と誌された。隠居された前国王のことは「太上《だじょう》様」といっていた。もっとも国王のご隠居は、尚灝王の場合の他はあまり例がない。

琉球国の聖典「おもろさうし」や琉歌などで謡われる時の国王は、「首里天加那志《すゆいてぃんじゃなし》」とか「首里加那志」といわれ、御嶽の神々に神女が「オタカベ」を捧げて祈る時には、決まって「首里天加那志美御前《みゆうめー》」といった。国王に対して下々の者、一般国民のことをいうには「御萬《うまん》人《ちゅ》」または「御真人」で、その御萬人からは「御主加那志前」とか「御主加那志」、あるいは「御主《うしゅー》」と呼ばれた。御内原では「御主加那志前」と申し上げるのが習わしで、王子はじめ御子様方である「御産子《うみんぐわ》」や王妃、御側室方からは、「美御前加那志前《みゆうめーがなしめー》」と申し上げた。国王を「首里天加那志御前」と「オタカベ」でお祈りしたように、王妃を「みきょちゃの美御前加那志」といった。「みきょちゃ」というのは「庫裡《くり》」のことで、閨房《けいぼう》を意味する。俗に「庫裡」のことを「くちゃ」というので「みきょちゃ」はその尊称である。

御内原では王妃のことを「御妃《うふぃー》」といい、公式の記録には「王妃」と記される。「御妃」が王族出身の「御大名方《うでーみょうがた》」からお取り立てになるのは、天皇家が「お后《きさき》」を皇族方か、公卿《くげ》大名方の御身内から選ばれるのと同じだろう。

王世子は「中城の美御前加那志」呼ばれた。王世子は満十一歳になると、御内原から王世子のお屋敷、東宮に移られるが、その屋敷が「中城御殿」である。王世子のことを「中城御殿」とも「中城王子」ともいい、王世孫は「佐敷王子」と呼ばれた。御幼少の頃は、また「黄金加《くがにが》那志《なし》」と呼ばれるのが習わしとなっていた。王女の住まいは正殿の裏手の「世誇《よぶくい》御殿」。

王子方には幼少の頃は「ウヤカー」という男の養育係がつき、また「アンメー」と呼ばれる乳母や「アナー」という女の子守がそれぞれの王子方につけられ、住まいも別々の部屋だった。国王の母君、「国母」様を御内原では「某々《なになに》の大按司志良礼《うーあんしられ》」と、尊称でお呼びしていたが、国王自身は、「アヤーメー」と呼びかけていた。祖母様がご健在であれば、公式には「国曽母《こくそぼ》」と記録されるが、国王は「ハンジャンシーメー」と申し上げていた。それらの呼称は、王子家の御殿でも用いられていた。

士族以上の家では母親のことを「アヤー」、祖母のことを「ンメー」と言っていたが、平民階級では「アンマー」が母親、「ハンシー」が祖母で、内裏言葉とは大きく異なっていた。

按司方の奥方を「うなじゃら」、親方家の奥方を「うめー」といい、男の方々を「真男《まおとこ》」、対するに女の方々を同じく敬って「真女《めーいなぐ》」と称した。兄は「御兄上《うみしーじゃ》」または「兄御前《やちめー》」で、姉が「美御前《みーめー》」。

国王はじめ高貴な方々の御顔を指していう言葉が「みゅうんち」で、例えば「御顔拝《みゅんちうが》む」といえばご機嫌伺いの意味になる。＊

＊人口に膾炙《かいしゃ》する恩納ナビーの歌「波ぬ声《くうぃ》ん、止まり、風《かじ》ぬ声ん止まり、首里天加那志御顔拝《みゅうんちうが》ま」に見られるのがそれである。御顔は、また上例等の琉歌では「みおんき」とも記述され、混効験集には「みおむき」御顔とある。外間「混集」には「国王の御顔。顔の事を敬語では、うんち（おむき）、最上の敬語で、みゅんち（みおむき）という」とある。

国王の御食物、御膳が「おぼのがなし」、すなわち「御飯加那志」＊である。

＊混効験集の飲食部にみる「おぼのがなし」の項に「和詞にはおものと云。源氏桐壺の巻に大床子のおものなどはと有る、おものとは御膳と申也。膳とよめりと云々」とある。外間「混集」に、「語音翻訳」のウバニ、「琉球館訳語」のウバニ、「混効験集」のミオバニなど、いずれも御飯の意で、今の方言ではウブンに転じている。ムヌともいい、「おぼの」に通ずる。「おぼの」は御物の意であるが、食物の敬称となり、特に御飯をいうようになったらしい」とある。なお、混効験集「みおばに」には、「美飯の事也、おはこ共云」とある、

「おからもの」といえば、蛸や鰹の類い、「おしたて」が醤油のことで、これは日本の古語「おしたし」に相当するものだろう。食べる肉のことを一般には「しし」というが、内裏言葉では「あったみ」となり、豚肉が「飼《ちかない》あったみ」、牛肉が「角《ちぬ》あったみ」、猪肉が「山あったみ」、羊肉が「フィジャーあったみ」。「んさじ」が御手拭、「みふぃっちん」が御鼻紙。

「名島」、名目上の領地

国持ち大名である王子、按司家では、すでに触れたように、その領地名を家名とし、例えば具志頭間切を所領する具志頭家を「具志頭御殿」、今帰仁《なちじん》間切」を所領する今帰仁家を「今帰

仁御殿」といったように、それが家名であると同時に、ご当主その人を指し、親方家である殿内家についても「某々殿内」と呼んでいた。しかし、領地を有しない「ご連枝方」には所得を伴わない名前だけの領地が授けられることがあった。そのような名だけの領地を「名島」といい、この名島を授けられることを「名島拝領《なじまふぇーりょう》」といっていた。拝領後は、その名島でご本人を呼んでいた。そのような名島を拝領できるのは、ごく限られた身分の者のみだった。領地を賜る王子には名島拝領ということはないが、按司家の家督を相続する以前の成年嫡子には名島が授けられた。夫人の場合、国王のごく近い御身内の方々、王妃である「御妃《うふぃー》」とか、王世子妃の「みきょちゃの按司加那志」、王子の令室方の「女按司《うなじゃら》」、王女方の「うみないび」に限り名島が授けられた。

　王妃は佐敷間切を名島とされるために、「佐敷按司加那志の」の称《とな》えで、普通には「佐敷御殿」呼ばれた。王世子妃は野嵩《ぬだき》を名島とされ、「野嵩按司加那志」、お呼びするときは「野嵩御殿」と称された。

　王子令室の場合は、通常領地内の村名を選んで名島にし、実際には真和志、南風原、西原、つまり首里三平等の内から三平等の「名寄帳《なよせちょう》」によって適当な村名が選ばれた。選ぶのは、御内原の最高女官である「大勢過頭部《うーしーどーび》」たちが協議の上でなされた。

　名寄帳というのは、各間切、村々の記録を留める原簿のことで、畑作の種類、石高、砂糖、芋、地豆《じーまーみ》と呼ばれる落花生等の「物作り《むずくぃ》」を詳細な検地の上決め、その記録に基づいて徴税する元帳のことをいう。間切や村々の詳細を記録するその元帳から地味が肥え、物成りがよい村が「名島」として選ばれた。

王女方は、結婚されるときに名島を拝領され、それ以後は「某々の按司加那志」と呼ばれて、「大美御殿《うふんみうどん》」から、いわば「御化粧料」の形で御扶持米二十石が支給された。特に国王に近いお身内の方である聞得大君は最高の神職ゆえ、実際に所得収入のある領地、首里の南の知念間切をお持ちで、「名島拝領」はなかった。その所領は俗に「御持間切」といわれていた。

第3章

❖

大航海時代の海鳴り
薩摩藩の思惑

夷人との接触

科学技術の進歩とともに大航海時代を迎える西洋文明の地響きは、遠洋の孤島琉球島にまで届く時代を迎えていた。英船プロビデンス号の宮古島沖における海難事故に象徴されるのは、遠洋の地誌と海洋調査を目的とする探検時代の動き、その名残を伝えるもので、後年のペリー艦隊に象徴されるような政治的な目的をもって琉球近海に迫るものではなかった。プロビデンス号のブロートン艦長の記録する詳細極まりない東シナ海航海探検録の存在を知っていた、かのキャプテン・バジル・ホール、そして旗艦アルセスト号を率いるマックスウェル艦長らの英艦二隻の琉球島来航にしても同様だった。

異国への布教という宣教目的で琉球を訪れる異国船が那覇沖に姿を現すのは弘化元年（一八四四）、キリシタンの布教と、できることならば、琉球国と交易関係を築く可能性を探る目的で来航した仏国軍艦アルクメーヌ号だった。その可能性を探る目的を帯びていたのが艦上の仏人キリシタン布教師フォルカードとオーガスチン・高と称する清国人通弁の二人だった。唐人以外の異国人が琉球国に滞在するとの歴史始まって以来の出来事、しかもヤマト、そして「お国元」薩摩のキリシタン御法度、禁教の掟に触れる一大椿事だった。

布教の成果はともかく、二年に及ぶ琉球国滞在中にフォルカードはかなりの程度まで沖縄語《うちなーぐち》を理解できるまでになっていたといわれ、また仏琉語辞典の大掛かりな草稿をまとめていたとも伝えられる。東洋諸国、なかでも日本国との交易の可能性を探るとの仏国政府よりの密命を帯び、将来を視野にいれた琉球語学習ではなかったか、と朝賢は推測している。

琉球国側でもオランダ語の学習を重要視する幕府の長崎における貿易の権益独占の動き、行き方とは別に英語の必要性を早くから認識し、かつてのキャプテン・ホール來琉時のメーデーラこと真栄平房昭や安仁屋政輔のような王府付きの知識人を生み、ペリー來航時の俊才牧志朝忠といった輝かしい系譜を生んでいる。ちなみに、朝賢の恩師津波古親方政正の父君がその安仁屋、後の与世山親方政輔である。その与世山親方、四十歳の頃には八重山島検閲使に任ぜられ、向氏翁長親方朝典に随行して先島に渡っている。

一方のお国元薩摩藩では迫りつつある文明開化の動きを感知しながらも、従来の鎖国策に拘泥し続ける幕府、そしてそのような政策の後ろ盾となって動く藩主島津斉興《なりおき》、その藩政を輔弼《ほひつ》する家老の面々とは異なった進取の意気に富んだ人物が育ちつつあった。後の二十八代藩主島津斉彬《なりあきら》の出現だった。

島津藩政と「黒糖地獄」

十一代将軍徳川家斉《いえなり》より諱《いみな》を賜わり、斉興と称するようになった島津二十七代藩主は、いまだ若年、藩政の実質は祖父重豪《しげひで》の手にゆだねられていた。重豪以前から島津家の財政は逼迫困窮の極にあった。文政十年（一八二七）当時、藩の負債額は金五百万両という天文学的数字に達していた。その頃の金利が年七分と仮定しても金三十五万両となり、薩州国の国産売上高が年十二、三万両というその頃の財政情況にあって、利子すら払えず、藩士の手当が一年以上も滞るというのが実情だった。九代将軍家重の諱を賜って元服時に重豪を名乗り始めた頃の藩財政も、木曽川治水事業の後で、負債はなお金八十八万六千両に及んでいた。

そして、そのようなお国元が乗り出す財政改革、その犠牲になったのが、南の琉球王国であり、そのことを象徴するのが、例えば奄美大島における「黒糖地獄」である。

重豪が藩の財政改革の筆頭に抜擢するのが、時の茶道頭調所《ずしよ》笑左衛門。大阪商人出雲屋浜村孫兵衛の助力を得て着々と財政回復に取り組む。しかし、その陰には調所の「偽金造り」や密貿易による裏手の手法をも敢えていとわずとの暗躍のあったことが伝えられている。その裏手の手法には、大阪および鶴丸城下の商人らに負う莫大な負債、五百万両を踏み倒すような破廉恥な企みなどがあった。そのような施策の裏には調所の右腕として暗躍する浜村孫兵衛の指図があったともいわれる。

他藩ではことごとく失敗に帰した「天保の改革」を成功に導いた秘密が琉球国よりの琉球鬱《う》金《こん》や、朱粉、とりわけ黒糖などの特産品の専売制を徹底させたことにあった。自藩の琉球を介する密貿易とは裏腹に、自藩以外の者の画策する特産品の密売については、ことのほか厳しい取り締まりで臨んだ。慶長十四年（一六〇九）、藩祖島津家久による琉球出兵、攻略でそれまでの独立国琉球を薩州の勢力下に収めて以来、執拗に続けられた薩摩の密貿易は、自藩の主要な収入源の一つとなっていた。特に調所のそのような施策から生じる収益は、市場の価格操作によって莫大な財を島津藩にもたらした。その陰に奄美、琉球島島民の血税と血涙のあったことを島人は忘れない。

藩主重豪

島津第二十五代藩主、重豪《しげひで》が徳川家と懇意にすることのできた背景には、重豪の祖母竹姫が将軍家から嫁いできたいきさつなどがあり、また寛政元年（一七八九）には、己れの女子茂姫を将軍家斉の夫人にしたほか、他の子女が諸大名に嫁ぐなどで重豪の権勢の高揚に与って力となっていた。

薩州島津藩の財政改革に力を尽くす重豪は、また藩校造士館や演武館の創設等、文武の奨励に功のあったことで知られる。南の琉球国との繋がりでも、例えば、かの「六諭衍義《りくゆえんぎ》」の寺子屋への普及伝播を通じてヤマトの修身教育に貢献すること著しかった名護親方寵文こと程順則と関連して語られる江戸の儒学者室鳩巣《むろきゆうそう》門下の山田君豹や郡山遜志らの下で学び、中国文化や中国語への関心も深かった。明和四年（一七六七）には中国語の解説書「南山俗語考」を編纂し、また琉球からの客人の談話を記した「琉客談記」の編著に関わっている。後者は、寛政八年（一七九六）尚温王即位に際し、江戸へ送られた謝恩使一行に重豪自ら琉球国の諸事情を質し、藩の儒者赤崎楨幹《ていかん》に筆記させたもの。琉球や屋久島諸島の薬草木を扱う「質問本草」の編纂事業は長期にわたるものだったが、初期の段階では重豪が関わっていた。なかでも特記すべきは、造士館教授山本正誼に命じて島津藩の正史「島津国史」全三十二巻の完成に功あったことだろう。裔孫斉興の後見人として藩政執行の重役を担う、文政九年（一八二六）には、己れの寵愛する曽孫斉彬を伴って、江戸にオランダ商館医シーボルトを訪問するなど、老齢にして進取の意気盛んな様子は、後年名君と称揚されることとなる斉彬に大きな影響を与えていた。

正義は貧しい者の味方だとか、その後、斉興は名君の誉れ高い嗣子斉彬に封を譲らず、斉彬の異母弟久光擁立の動きが藩政を動乱の渦に巻き込む。久光の生母由羅と調所らの斉興の後嗣に久光を擁立せんとの企てがその動乱の背景にあった。一介の江戸町娘から、斉興の側室になったといわれる由羅が正室出生の斉彬廃嫡を意図していたことではあろうが、それ以上に祖父重豪に対する薩州藩政を取り仕切る重臣らの思惑が大きく絡んでいた。重豪と同じく、「オランダひいき」の斉彬が、その頃ようやく黒字化した藩の財政を再び悪化させるのでは、との調所や家老ら重臣の思惑がそれだった。

そして、斉彬を擁立して藩政を刷新せんとの意気に燃える改革派との暗闘はますますその勢いを増すばかりだった。元来、下級藩士の出でありながら、斉興に重用され、家老にまで登り詰めた調所に対するわだかまりが、斉彬と彼を取り巻く若手藩士の心中にあったことでもあろうが、そのような動乱の渦中にあって、斉彬の嗣子が相次いで夭逝《ようせい》、久光擁立派の陰謀では、との風説が流布するにまで至る。こうした中にあって、調所は自ら企てた密貿易の詳細が露呈し、幕府の糾弾するところとなった。「斉興隠居、調所失脚」で結束する薩州少壮の藩士らは、一歩間違えば、お家取り潰しにさえなりかねない危険をあえて冒し、調所主導の琉球における蜜貿易を江戸幕府の老中、阿部正弘に密告した。阿部から直接ことの次第、詳細を質された調所は、その直後、嘉永元年（一八四八）、江戸の芝薩摩藩邸で自害して果てる。

これを機に中堅、少壮の藩士らが結束、久光擁立派を倒さんと決起するが、その画策が露見、斉興の怒りを買う。翌、嘉永二年（一八四九）、家老島津壱岐、町奉行兼物頭混同隆左衛門、高崎五郎ら六人が切腹。総勢五十人が処分されるとの一大疑獄に発展した。世に言う嘉永朋党事件、高崎崩れ、お由羅騒動の末路だった。一面には、長年にわたって決行された琉球国に対する搾取政策の結末でもあった。ただ、これを以て薩州の琉球への対応に終止符が打たれた訳では決してなかった。不本意ながら隠居を強いられた斉興を継ぎ、嘉永四年（一八五一）に漸くにして内外多くの期待を担いつつ第二十八代藩主の座について以後、斉彬が秘密裡に仏国との交易を画策し、琉球国の指導層に圧力を加え、やがて、かの牧志・恩河事件という凄惨《せいさん》な疑獄を生むに至る経緯を琉球国の島人は知っている。琉球国圧政のメンタリティーは、こうして消えるどころか、ますます勢いを増し、世は容赦なく明治維新の世代わりへと移り変わって行く。

藩主斉彬擁立の背景

ここで、いましばらく時代をお由羅騒動前後に引き戻し、新藩主斉彬擁立の背景、その舞台裏を垣間みるとしよう。お由羅、高橋崩れの異常事態を契機に斉彬と懇意にしていた江戸幕府の老中阿部正弘らの動きの裏には斉彬の大叔父にあたる福岡藩主黒田斉溥《なりひろ》の存在があった。斉興による処分を恐れて脱藩の手段に出た一部の斉彬派の藩士は、福岡藩へと逃げ込んだ。脱藩士の引き渡しを強要する斉興の求めを毅然とした態度で拒否する黒田藩主は、さらに実弟の八戸藩主、南部信順と図って老中阿部に事態の混迷を訴え、救いを求めた。事態の収拾に乗り出す老中は、将軍徳川家慶に斉興へ隠居を勧めるようにと申し出る。将軍命令とあっては、斉興如何ともし難く、不本意ながら隠居し、家督を斉彬に譲ることとなるのだった。この陰湿なからくりは、その後も尾を引き、何年か後の斉彬の急死に至る。斉興による毒殺とか、その死には久光が関与していたのでは、との風説があったとしても不思議ではない。その斉彬急逝の報に誰よりも驚愕したのが、琉球王府上層部の面々だったことを島の人々は知っている。だが、次の事情を島の人々が知っていたかどうかはともかく、久光が毒殺に関わっていると西郷が憶測をなしていたことが、久光と西郷吉之助、後の隆盛の確執の所以だとの説が存する。それだけではない、後年、明治維新政府の高官として旧琉球国の命運に大きく関わりを持つに至る、かの大久保利通にもその初期人生行路には薩州内の疑獄の影響を蒙っていた。それが、琉球国との関わりの中での苦渋を味わうこととなっていたことを、南島琉球の島人は知っているだろうか。大久保の父君利世は鹿児島では琉球館詰めの役職にあったものの、そのお家騒動の結果、罷免の上、喜界島遠島という悲哀を嘗《な》め、利道自身も記録所での役職御免となり、謹慎を強いられている。それに助けの手を差し伸べたのが西郷吉之助だったという。

内憂外患、藩主斉彬

仏国人琉球国逗留との一大事を報告すべく、王府は急遽飛船《とびふね》で濱比嘉《はまふいじや》親雲上《ぺーちん》をお国元に派遣する。この「飛船」は緊急事態の報告に当てられ、季節風の状況や順風などもお構いなく、島々、津々浦々、沿岸添いに送られる早船で、その航海には熟練した船乗りが当てられた。お国元だけではなく、緊急時には遠い唐の国にさえ派遣され、しばしば命がけの使命を帯びる航行となった。無事使命を果たして帰国した使者には王府から恩賞が授けられた。

フォルカード來琉の情報は、その年八月までには幕府の老中の元に届いており、「琉球事件」として扱われ、幕府側は隠密十人ほどを薩摩藩に送り込んで、薩州側の動きに目を光らせていた。薩摩側にとっても、那覇に在番奉行という、目付役を置いておきながらの失態という情況に当惑し、「藩政不届き」の烙印を押されることを極度に恐れていた。

異国船が那覇や泊沖に姿を現すや、王府はまず三司官から那覇駐在の薩摩在番奉行に書面でそのことを届ける。同時に薩摩にある琉球館付きの「聞役」と称される薩摩藩の役人で、琉球との仲介役を勤める者、そして琉球館駐在の王府派遣になる在番親方、それに摂政、三司官の連名の報告書を城代兼家老はじめ七人もの家老職に届ける事になっていた。いかに薩州が異国船の琉球近海への来航に目を光らせていたかが窺《うかが》えよう。

このような新たな時代の到来を告げる琉球近海における欧米諸国の勢いには何らかの手はずを整えて対処すべきではなかろうか、と俊敏な薩州藩主斉彬は考え始めていた。保守的な中央幕府の対応策とは五歩も十歩も先を往く積極的な対応を目論んでいた。まず、琉球国が南海への門戸であって、中国との交易の中心地となっていること、そこが西欧世界との通商の門戸となる最適の地であろう、とその可能性を強く感じてもいた。

江戸幕府は、すでに長崎の出島を中心にオランダとの通商の独占権を握っている。仏国が琉球との交易の可能性を打診しているとの情報をうまく利用すれば、長崎以上の港町として発展しえるのではなかろうかと、その可能性に想いを馳せていた。しかし、またそのことを実行に移すには、何よりも秘密裡に行わねばならないことを心得てもいた。

そのような危険を冒してまで己れの思うところを決行せんとの斉彬の念頭には、琉球国との繋がりの深い清国がアヘン戦争によって英国の脅威に屈しつつあるとの歴史上の認識があった。そのような情勢を熟知しているに違いない琉球国が、仮にも清国に見切りをつけて異国になびくような事態が起こらぬとは誰にも断言できない。そのような事態を事前に防ぐには琉球が「お国元」として畏怖《いふ》する薩州島津家に対する年貢、貢納の義務を軽減し、窮民の救済に力を尽くすとの積極的な宣撫《せんぶ》策が必要であろう、とさえ考えていた。その為にはまず、「琉球国王や摂政、三司官の格式を一等昇叙させて、恩赦に感服せしめることによって、本来恩義に厚い琉球のことゆえ、よしや異国になびくようなことはないであろうことを幕府に説き嘆願する」といったようなことを思索する矢先の仏人宣教師來琉の報だった。

英国の攻勢〜ベッテルハイム一家の来琉

こうして仏人フォルカードの滞琉二年目を迎える弘化三年(一八四六)、今度は英国船籍のスターリング号が那覇港に着岸、ベッテルハイム宣教医夫妻、二人の子供、清国人の通弁劉友宇《りゆうゆうう》、それに今一人の清国人下女の六人を残して立ち去った。異国人が家族を引き連れて琉球国に滞在するのは、史上初めての事だった。

王府の思惑をものともせぬベッテルハイム、家族とお付きの者たちをうまく上陸させるのに成功するや、家族連れの異人さんへの同情からひとまず港内の「沖の寺」への宿泊を許す王府側役人の親切心をいいことに、さらに波の上宮境内の「護国寺」をまで占拠するにいたるのだった。ベッテルハイム一家と薩摩藩の思惑《おもんばか》を慮る琉球王府との前後足掛け九年にわたる相克の始まりだった。

朝賢は、成人してからもしばしば耳にする「波の上の眼鏡《なんみんぬがんちょう》」について、より深く知ろうと思い琉球王府評定所の古記録を調べてみたことがあった。それによって、異国よりの宣教師にして医師でもあるベッテルハイムの監督、措置に対して琉球王府がいかに多大のエネルギーを費やしていたかが分かってきた。直接その青い目の宣教師の取り締まりに関与した人物は三司官一人をはじめ、次官級の役人、御物奉行《うむぬぶじょう》、同吟味役《じんみやく》から各一人あて、薩摩の在番奉行と王府の連絡役と接待役を兼ねていた四人の大和横目《ゆくみ》の一人、通詞四人のうち特にベッテルハイム係を仰せ遣っていたのが三人、その内の二人がベッテルハイムに儒教などの手ほどきをする師匠、平等所《ふぃらじゅ》の役人二人あて、筑佐事《ちくさじ》二人あて、護国寺の寺詰めの者四人あて、護国寺敷地内の関所番人二人あて、護国寺付近の関所二カ所に番人五人あて、「目星」として知られる目明かしが四、五人あて、那覇の関所四カ所に五人あて、首里の関所六ヶ所に五人あて、とった具合に臨時に役人を配置していて、結局連日総勢七十人ほどの者が関わっていたのだった。

妖術師「波の上の眼鏡」！

医術の施療と称して町に出向いては、キリシタンの布教冊子をばら撒き、公然と町中を徘徊していた。筑佐事がベッテルハイムの後を付け回り、その様子は在番奉行の倉山作太夫から逐一薩摩藩に報告されていた。ただ、ベッテルハイム一家の来島した頃、清国はアヘン戦争ですでに英国の軍門に降《くだ》り、南京条約のもとで、上海、寧波《ニンポウ》、福州、アモイ、広州の五港では英国との貿易が行われていた。イギリスに対する清国の弱い立場は、福州在の琉球館からもたらされる通報で王府は、その事情に通じていた。そのような情報源となっていた福州在の琉球館というのは、当時「柔遠駅《じゅうえんえき》」として知られ、琉球と清国間の連絡拠点となっていた。

そのような東アジア、特に極東をめぐる国際情勢に通じていた琉球王府は、勢いづく英国には、しばしば控えめな態度で接し、そのことが英人宣教医ベッテルハイムの扱いに、少なくともベッテルハイム来琉後の初期数年間は、それほど手荒い措置を以て対処するということもなく、その成果はともかく、かなり自由な布教活動が許されていた。そして、そのような王府の穏健な扱いを逆手にとったベッテルハイムは、ますます勢いを増すばかりで、朝賢はその辺りにつき「当のご仁は、一向にひるむ様子もなく、逆に王府に食ってかかったり、在番奉行の倉山作太夫にも面会を申し込むほどの強気の人であった」と回想している。そのような事情から、薩摩側からの指示のもとに、先に述べた王府側の積極的な強硬策を結果することとともなったともいえよう。

朝賢はまた、「波の上の眼鏡」につき「漢語はすでに琉球へ来たときから巧みで、琉球側の通詞との意思疎通には、主として漢語に頼っていたようだ」ともいい、また「首里に居る私どもも子供心にも、あのウランダーは妖術師で、これに近寄ると魔法をかけられてしまうといわれ、何か恐ろしい者のように聞き及んでいた」ともいっている。

ベッテルハイムの長期にわたる滞琉で「国際問題化」の様相を色濃くし始めていた嘉永三年（一八五〇）夏、英国船籍の軍艦レナード号が那覇港に横付けになった。艦上には香港駐在のビクトリア管区長ジョージ・スミス主教の姿があった。レナード号搭乗の「艦将」の手から王府に直接手渡されるのが英国の軍機大臣、すなわち外務大臣より王府に対する抗議文書だった。王府の英国臣民ベッテルハイムに対する処遇が劣悪を極め、その改善を強く求めるというのがその抗議文書の趣旨だった。

大英帝国、ベッテルハイム擁護に動きだす

そのような遠い極東の孤島琉球で苦境にある英国籍のベッテルハイムの境遇改善に大英帝国当局が動き始める背景には、「アヘン戦争」でかつての勢いを失いつつある清国の情勢をたくみに利用するベッテルハイムが、いまこそ、と英国政府に自らの宣教活動の改善へと直接文書で訴え始めるとの動きがあった。レナード艦長、スミス主教より王府に伝えられた英国政府よりの抗議文の内容は次のようなものだった。

英国臣民ベッテルハイムに対する守衛役の態度が極めて非礼であること。これは、ベッテルハイムが外出するたびに王府付きの「筑佐事」が尾行し、その行動に目を光らせていて、住民との接触を極力妨げ、ベッテルハイム一家の食料購入にさえ不便をきたしていること。そのような英国政府側よりの不服、抗議の内実は、次のような次第だった。すなわち、ベッテルハイム一家が例えば那覇の東町市場あたりで食料を求めようとすると、その行為そのものを王府が禁

じていたわけではなく、売り手のアンマーターには、ベッテルハイムが支払った洋銀をすぐさま回収し、それに見合った額を王府が代わって地元の銭《ぜに》で支払うとの面倒な手続きを繰り返していたのだった。おかげで、ベッテルハイムが近づくと、売り手は荷を持って早々に退散するような光景が繰り返されていた。そのようなベッテルハイム一家の死活にかかわる行いが来琉はじめの一、二年ならともかく、一家の滞留じつに八年の長期にわたって行われていたのだった。後年、次のようなベッテルハイム一家に対する王府の対応、その決着の次第を知った朝賢は驚きの目をもって回想している。

洋銀の行方……

すなわち、ベッテルハイム一家が生活支出に支払った洋銀をすべて王府が保管していて、安政元年（一八五四年）にベッテルハイム一家が琉球を去るにあたって、八年間も貯まりに貯まった洋銀をすべて本人に返却したというのだった。何しろ大量の「洋銀」、これをベッテルハイムの所に運び込むのに、人夫六人の肩を必要としたという。ベッテルハイム一家の食料代だけではなく、他に一家が所望した様々な物品の費用、それに連日一家の見張りに召し出された役人数七十人分の飯米、日当、その他の雑費を合わせると、八年間で優に二百万貫文を超える出費だったという。それだけではない。琉球滞在八年間におよぶ宣教上必要な生活費を支出していたのが、在英軍人クリフォードの主宰する「英国海軍琉球宣教協会」だった。ベッテルハイムは、英国より届けられる支援金の一部を香港の銀行に預けてあったとの報告さえ存する。

王府のあまりにも行き過ぎとも解されかねない処遇、いや厚遇について朝賢は「ベッテルハイムは再三辞退したものの感激の気持ちで受け取った」と吐露しているが、そのような次第を読者の皆さんはどうお思いだろうか……。ベッテルハイムの人物像、その実像を知る筆者の私には、朝賢のいかにも穏やかな解釈がいかにも「行き過ぎ」とも思われるのだが……。いずれにしろ、お国元薩摩の監視下に八年も厄介者のベッテルハイムの対応に苦汁した王府としては、やっと一家の退去が本決まりになったということで、薩摩よりの「御判形《ごはんぎょう》これ無き商人、許容ある可からざること」、すなわち異国人との売り買いを禁ずるとの指令を忠実に守ったということで安堵の念を隠せなかった、というのが王府の本音だったのだろう。

いずれにせよ、そのあたりの詳細をベッテルハイムは在英「英国海軍琉球宣協会」のボス、クリフォードに報告したのだろうか、そして大量の在琉日誌にはそのような仔細が記されているのだろうか、少々気になるところではある。

外圧への対策

スミス主教らの抗議文には、そのほか医師のベッテルハイムに医業を認めるよう、乗馬や小船の賃貸を許可するよう。あと二人ほどの英人宣教師を琉球に逗留させたいこと、貿易の為の開港をすべしなど、琉球側には到底受け入れがたい条件の数々が記されていた。このような「外圧」に対して王府はますます次のような強固な対応策を強いられるのだった。すなわち異国船対策の手立てとして改めて那覇港の「沖之寺」、「沖宮」の神宮寺へ臨時に詰所を設置して評定所筆者主取ほか四人、異国方御用係の久場里之子親雲上、具志川里之子親雲上、御物奉行、申口方、それに絵師二人まで、これは、今でいう「写真師」、といった厳重な配慮をもってしたという。ほかにも通事として板良敷里之主親雲上ら、幾人かの王府付き役人衆を臨時に詰めさせて事態に即応すべく待機させてあった。

以上のような対策を講じる背景には、次のようなお国元薩摩における動きがあった。すなわち、かの島津斉彬が父君斉興の隠居にともなって藩主の座に着くのが嘉永四年（一八五一）、その斉彬の家督相続にあたり、徳川幕府老中阿部伊勢守は「家督初政之儀にもこれ有り、英国人引払方は勿論、警護向き取り締まり方に入念配慮を加えるべき事」として幕閣の方針を直接伝え、当該宣教師の早期退去を促したという。それだけではなかった。嘉永四年以降、藩主斉彬は藩の海陸防備策にますます意を用い、琉球に対しても当時の在番奉行を新たに御物頭の郷田仲兵衛を任命、さらに藩内には「琉球逗留英人掛」三名がおかれ、各々一人当て交代輪番で琉球に派遣されることとなった。こうして嘉永五年にはその一人、田中源左衛門の来琉、それに先立っては、新奉行の郷田仲兵衛が琉球に着任していた。新任の在番奉行を迎えるに当たっては、摂政、三司官はじめ、御鎖之側《うざしぬすば》など王府の重鎮が那覇港「通堂《とんどう》」まで出向いて表敬する習わしだった。

厄介者ベッテルハイムの「陰の貢献」

その長い滞琉中には、異国船来航の報あるたびに必ず自らその異国船に出向いて来航目的などを質して、王府に伝えるといった仲立役を勤め、陰の功労のあったことが知られる。

ほかにもほとんど独力で「沖縄口《うちなーぐち》」を習得、聖書の琉球語訳、琉球語文法稿まで残している次第は広く知られるところである。またベッテルハイムには琉球生まれの娘があり、ルーシー・リューチュー・ベッテルハイムと名づけたとのことが伝えられている。朝賢は、そのようなベッテルハイム、ウチナー二世に想いを馳せ「その子が達者であれば、私とは十と歳《とし》は違いますまい」と吐露している。

ところで、「光陰矢のごとし」で、その後何世代かを経る昭和十二年（一九三七）の初夏、ベッテルハイム夫妻の孫娘ベス・プラット夫人が祖父の「受難の地」、今や沖縄県と様変わりした土地を訪ねてきている経緯については、かつて筆者の『大琉球国と海外諸国』で「琉球宣教史上の一挿話」として紹介したことがある。ベッテルハイム医師より極秘裏に種痘術の教えにあずかったという、かの仲地紀仁医博の四代目にあたる仲地紀晃医師を始め、那覇市長金城紀光、助役当間重剛、志喜屋孝信、太田朝敷、胡屋朝賞、又吉康和ら、知名士との交歓を果たした上で、仲地医師らの案内でベス夫人は滞在中のとある日、龍潭湖畔の松山御殿の門を敲く。出迎えた尚順男爵、ベス夫人に「祖父上の琉球滞在中は、種々の事情から十分なおもてなしのできなかったことが惜しまれます」と。ベス夫人、答えて曰く「どういたしまして、色々お世話になったことは、祖父の残した『滞琉日誌』によって存じ上げております」と。そのあたりの事情に関し、筆者の私は「……かって無いほどの知的開眼の時代に生きる私たちは、尚順男爵の言葉の深奥に触れ得ることさえできるようになりました。琉球王朝の命運をあずかるかつての指導層が時代の波と拮抗しながら、必ずしも王国の名誉を果たせなかったことに想いを馳せながら夫人に頭《こうべ》をさげる男爵の真意、お気持ちを窺うことさえができます」と記した。余談ながら、ベス夫人の通訳を務めたのが、筆者の琉球大学英文科時代の恩師、外間政章教授で、戦後すぐ琉球民政府支援による国民指導員として訪米された教授は、その後、なおお達者なベス・プラット夫人との邂逅を果たされた。夫人宅には祖父の肖像画が掛けられていたとのことである。

「ジョン・万次郎」来航

朝賢が十一歳を迎える嘉永四年（一八五一）、琉球国の南の摩文仁にある小渡浜にはまた、異国船に別れを告げてのち、この地琉球に小船でやってきたという異様な出で立ちの男三人の姿があった。異人さんの服装をこそしていたが、その実、れっきとした大和人《やまとうんちゅ》だった。「異様な外人姿の三人現わる」との報に、いちはやく駆けつけた摩文仁間切の検察官、新嘉喜里之子親雲上らの調べで大和の土佐の国の者であることが判明した。朝賢が当時の記録にあたったところ、それぞれ土佐は宇佐の浦の伝蔵、四十八歳、伝蔵の弟の五右衛門、二十五歳、それに中之浜の万次郎、二十三歳の面々だった。

当時「琉球逗留英人方掛」として那覇に駐在していたのが薩摩藩の作事奉行兼軍賦役の松本十兵衛、小渡浜よりの報告が届くや、すぐさま同じく薩摩藩の右筆《ゆうひつ》「異国方」として在琉中の野元一郎の二人して急遽騎馬で駆けつけ、取り調べに及んだ。調査で判明したのが次の次第だった。すなわち、三人は漁師で、ほかにも伝蔵の弟十助と虎右衛門という者を入れ、五人で乗り込んで漁に出た船が難破、無人島に漂着しているところを米国籍の捕鯨船に救助され、米国へ渡ったという。その間、十助が病死、虎右衛門が居残りを希望、残りの三人がハワイ経由の米船で琉球近海に至り、その後小船に乗り移った上での小渡浜上陸ということだった。五人の漁師を乗せたその漁船の遭難が何と十一年前の天保十二年、その間ずっと米国逗留だったという。その三人のうちの一番年下の者が、今では知る人ぞ知る、かの有名なジョン・万次郎なのだった。三人は小渡浜から翁長村に移され、そこでほぼ六ヶ月もの間、薩摩方や那覇里主、喜屋武親雲上、仲宗根親雲上らから米国や西洋一般に関する情報を調書に取られた。

さきに仏人宣教師フォルカードやル・チュルズの逗留があり、依然として退去の様子のないベッテルハイムの存在に悩まされる王府がまたしても異国帰りの不意の来客という事態で混乱する様子がうかがえる。その後、藩主、斉彬の命により薩摩へと送られるジョン・万次郎、米国での教育を受けた事実が知られるや、異国事情に乏しい薩摩にとっても、かけがえのない情報源となった。

黒船出現、ますます高まる「外圧」と「動乱」の時代

時は嘉永六年（一八五三）四月十九日、那覇の沖合、泊の港の北西、波之上宮の沖合に、これまで土地の人たちが見たこともないたこともないような「火船《ひーぶに》」三隻が姿を現わし、静かに錨《いかり》を降ろした。黒色の巨体を沖合に浮かべる異国船、二日後の二十一日、そして二十三日には

立て続けにさらに各一隻、都合五隻の「火輪船」が黒煙をもうもうと吐きながら勢揃いした。時に朝賢十三歳、「村学校」で学ぶこの少年の面影にはまだあどけなさが残っていた。思えば、己れの幼少時から十代にかけての故郷《ふるさと》琉球国はかつてない西欧よりの「外圧」に翻弄される時代のまっただ中にあったことを今更のように回想する朝賢だった。米国艦隊を率いるペリー提督一行の首里城訪問、観音堂前の坂道を堂々と楽隊の奏する音楽、それに鼓笛の音響を轟かせながら行進する様子を朝賢は同じ年頃の首里の仲間の幾人かと一緒に目撃していた。しかし、その年を遠く遡る十八世紀末から十九世紀中葉にかけての洋人来航のいきさつ、その詳細については後年王府の記録を調べ、古老にその時の様子を聞き書きしたりして学んだものだった。

威嚇とも祝砲とも思えぬドカーン、ドカーンの轟音《ごうおん》が那覇や首里に地響きのように伝わり、「いよいよ戦《いくさ》の始まりか」として、住民の中にはまず年寄り、子供らを田舎の遠隔地に避難させようとの動きさえあった。時の薩摩の在番奉行、谷川次郎兵衛は、王府当局に対して「できるだけ、争乱に及ばぬよう穏便に事を運ばねばならないものの、万が一にも不当な仕打ちを仕掛けられるようなことがあっては、御国体に関わることであって、身命を賭して異国人に立ち向かわねばならぬ。ただし、当面、表立つことは控えるといえども臨機応変、対応の手はずを整える」との基本方針で、自らも二百人あまりの薩摩の武士らに、いざという時に備えるべし、としながら、「お国元」の指示を待っていた。

そんなある日、朝賢は幾人かの友達を誘って「虎頭山《とらじ》」に登った。そこからは、西の方、真正面に那覇港から泊港にかけて一望の下にすることができる。虎頭山には老若男女十数人があつまっていたが、それぞれ「何十年か前、尚灝王様の時代に大砲を備えた西洋船《ウランダぶに》が入ってきてドカーン、ドカーンと打ちならしていたが、あそこに見える船の一群は、なんでも尚育王様の冊封にやってきた御冠船よりもはるかに大きいもののようだ」、「御冠船の大きいものといえば、長さが二十丈近く、幅が三丈はあるらしいが、どうもそれよりはるかに大きいものに見える」、「王府からは、摩文仁按司や那覇里主の喜屋武親雲上、通事の板良敷里之子親雲上らがその船に出向いて行って掛け合っているそうだが一向に埒《らち》があかないらしい」と、各々が勝手に言い合っていた。王府側の記録では、今日、「黒船」として知られる一番大きな船の長さが三十七丈あまり、横幅が五丈ほどもあったという。実際、あの一番大きな船、大将の乗船する船に乗り込んで談判した摩文仁按司方は、船の大きさを見ただけで肝を潰されたというから、御冠船とは比べ物にならないほどの規模を誇るものだった、という。その「埒があかないらしい」との情報はともかく、どのような経緯で「埒があかない」のかについては、朝賢といえども初めは定かでなかった。その後知り得たところでは、どうやら、あの巨船の一番偉い大将《てーそー》、首里王城に出向いて「御主《うしゅー》」との直接面談をしたい、と飛んでもない要求を突きつけていたようだ、ということが判明した。

血気にはやる首里の若衆ら

首里の虎頭山に集まった青少年らの会話を朝賢は、よく覚えていてくれたもので、その時の若者らの会話を次のように回想している。やや年配の士風《さむれー》の者曰く「御主に直談判など、もってのほか。何のために御重役方がいるのか。御主は、まだ御幼少ではないか。王府の御重役方は軟弱すぎる、まことに嘆かわしい！と、吐き出すように言って、顔をしかめた」。「でも、仮に王府がリンガン目《みー》の大将の申し出を断ったらどうなる〜」、「頼みごとを断れば攻めるというのであれば、それは戦さ。そうなればこちらも立ち向かうほかはない。鉄砲や大砲がなくても「唐手」を使い、「焼ブク」をもって戦う」。「薩摩の武士の助けを借りればよろしい。彼らには鉄砲がある。しかし、薩摩から大勢の加勢が来るまでは、あのように大砲でドカーン、ドカーンとやられては、皆殺しになってしまう。御主はじめ、みな虜《とりこ》になるよ。昔、薩摩にやられたようにな……」。ほかに何かいい知恵はないものかと思案する若衆の一人が曰く、「今こそ頭を働かせるべきだ。いいか、長くて太い縄を皆で大急ぎで作るんだ。それを泳ぎの上手な何人かが夜中密かに泳いで行って、あの船の舵に結びつけるのさ。それを岸の大勢の者が船を手繰り寄せて、ひっくり返すのだ」。「馬鹿者！　一隻ならともかく、四隻もの大船を引っ張って切れない綱など、あの『紋門大綱《あいじょうーんな》』でなければ……。とても無理だ」。「いやこんなのはどうだ〜樽《たる》をかき集めて、これに油を詰めるのさ。夜中にそれを小船にのせて持って行き。あの船の周りに撒き散らして火をつけて逃げ帰る。どうだい。火の海にして船を焼き払うのだ」。「小船がたくさん近づけば、たちまちにして気づかれ、鉄砲で滅多打ちにされる。まずまず後生《ぐそー》行きだな」。と、突然手を叩いて「こういうのはどうだ」というのが一人。「サバニを十隻ぐらい用意する。これに泡盛とご馳走を一杯積み込んで四隻の船に近づく。「お振舞」です、と言って、船の兵隊たちを安心させる。相手がしたたかに酔っ払うのを確かめて、船に火をつけて燃やす」。「それなら出来そうだな」との声に、朝賢少年も、つい「これが一番……」と思った途端に、「酒とご馳走がでたらすぐに手を出すお前の考えそうなことだな」という声に、一瞬、朝賢も萎縮してしまった。「今考えると、何ともおかしな話ですが、青年たち、皆真面目にそのような会話を交わしていたのですよ」とは、後年の朝賢の言葉。

ペリー艦隊一行の王城への行進を目撃

先に観音堂近くの松林に身をひそめながらペリー艦隊一行が王府へ向け行進していく様子を朝賢は見ていた、と記した。ここでは、今少しその一大軍事行進の模様を逐一目撃している朝賢の記憶を辿っておこう。

時は嘉永六年（一八五三）六月六日。夜明けとともに今日、アメリカ軍艦の大将が大勢の艦隊員を引き連れて首里城へ向かってくるとの噂がどこからともなく伝わってきた。何日か前、あの虎頭山で首里の若衆が談判し合っていたことが頭をよぎった。やはり王府の重鎮らと艦隊側との交渉は決裂～とすれば戦《いくさ》になるのか～観音堂の下から首里御城《すいうぐすく》への道は紋門《あやじょう》通りに通じているので噂が事実なら眼下のこの道を通るに違いない。早朝から異様な雰囲気に包まれ、母からは「今日は外へ出てはなりませぬ。屋敷内で遊ぶように」といわれていた。しかし、いつもながら好奇心だけではなく、知識欲旺盛な自分のこと、十三歳の自分にも何か大事な出来事の前触れなのかも、となんとなくはやる気持ちに打ち勝てず、自分の家の前の儀保大通りを避け、山川村から坂下へ抜ける畑のあぜ道を辿って、高い石段の観音堂の丘へと駆け登った。

そこからは、先日虎頭山から見た黒い異国船四隻の姿がはっきりと見えた。その日は、前日の雨天の日とはうってかわって好天、かなりの暑気を感じたものの、丘上の松林を抜ける涼風が心地よかった。朝賢は、単衣《ひとえ》の絣の着物に黒帯、草履といった出で立ち。気がつくと観音堂の扉も閉められていて、人かげもない。時間がたつにつれて、夏の昼過ぎ、「マフックァ」とはよくもいったもの、人も草もだれきってしまったようで、あたりはシーンと静まり返っている。うとうとと眠気をもようすうちに、急に後方の松林から三人の子供らが飛び出してきた。一人は、自分と同じ歳のころ、あとの二人は年下の若者で、近くの山川村からの者だった。するとどうだろう。坂下の方から異様な物音と、ざっくざっくと大勢の人が足並みを揃えてやってくる気配が感じられた。私ら四人の若者は一瞬顔を見合わせながら、立ち上がって下方の松並木の坂道に目を向けた。

何と、いつの間にか大勢の白、黒、赤と色とりどりの洋服の長蛇の列、それがかなりの道幅のある坂下の道を埋めるように、異様な足音をたてながら進んでくるのだった。山川村からの子供らも顔を見合わせ、体を膠着させながら、その「異様」という言葉では言い表せない、これまで見たことも聞いたこともない光景に見入っていた。私どもが松林をすかして息を潜めているところから七、八間先の崖下の道を進んでいく。ドンドン、ジャンジャンと何やら金属性の音が耳をつんざくように伝わってくる。と、またまた次の光景に私らはなんとも言いようのない驚きの目を見張ったのだった。何ということだろう、行列の先頭に立って案内しているらしいのが、王府の役人だったのである。黄色の冠、鉢巻きの者が一人、もう一人が赤い鉢巻きだから、親雲上階級の偉い役人、それに里之子階級の役人。一瞬、あの虎頭山で「談判にやってくる、攻めてくる」との若者衆の言葉を思い出し、さては、この役人二人、無理強いに案内役を仰せつかっているのでは、との思いが頭をよぎった。その二人の案内役に続いては金色のボタンで飾られた紺色の上着に白色の、今でいうズボン、それに黒色の靴をはいた兵隊が剣を引き抜いて右手で肩にあてがっている。その剣が折からの陽射しを受け、キラキラと光っている。続く兵隊連とは違って立派な服装をしているので、明らかに将校なのだ。後続の兵たちは、ひさしのない帽子をかぶり。襟が後ろに垂れ下がった奇妙な紺色の上着、今でいう水兵服、これが二十人ほど続く。いわゆる海兵隊の一群で、よくみると行列の中には、あのゴトン、ゴトンという鈍い音の正体、車輪のついた大砲が二門、四人の兵に引かれている。これがまた、あのドカーン、ドカーンの正体か、と思ったものだ。

琉球から唐へ二年に一度送られる貿易船を「進貢船」、そしてそれを迎えに行くのが「接貢船」。朝賢は、これらの大事な船が時には大海原で海賊に襲われることがあり、それに備えるためにそれらの船の乗組員は、出発に先立ち、薩摩武士らからにわか仕込みで鉄砲を打つ訓練を受けていたという話ぐらいは耳にしていた。ただ、その鉄砲も薩摩の手配で琉球では直接見かけることがなく、また大砲となっては、進貢船、接貢船に積み込まれていたとはいってもこれまで見たこともない代物だった。

ということで、大勢の兵士らが肩にするその鉄砲や幾人かの兵士に守られながら運ばれる大砲を目の当たりにした朝賢らは、ただただ驚きの目を見張っているばかりだった。

そういえば、あの大砲、実は軍艦で打っている大砲ではなく、陸上で実戦に用いられるものらしい。軍艦艦上に備えてあるのは、はるかに大きいものだという。なるほど、「鋤《すき》」や「鎌」では到底太刀打ちできず、お城もすぐに木っ端微塵に、とあの虎頭山で物知りらしい先輩格の者がいっていた通りだろう、と思い知った心地だった。

大砲に続いては、金ボタンの飾りのついた赤色の上着に白いズボン姿の兵士らが横に六人並んで進んでいた。これが「楽隊」だった。一人が、大太鼓を胸に抱いて二本の棒で叩き、二人の兵が小太鼓を上向きに腰のあたりから左膝にくくりつけるようにしながら、細長い棒を両手に持って叩きながらの歩行態勢だった。それから、琉球の唐楽器のチャルメラに似たものがラッパで、二人の兵がそのラッパを吹きながら歩行を続け、さらに一人の兵がドラのようなものを両手に抱え、時々それを擦り合わせたり、ぶっつけあったりして、ジャーン、ジャーンと耳に痛く響く音を出している。

また、これも後で聞いたのだが、兵士らの履いている黒い履物が、いわゆる「靴」というもののらしく、朝賢らには、大変珍しいものに映った。琉球で、靴らしい履物といえば、「フヤ」といって、唐の衣束に学んだもので、国王が唐衣束をなさる折にお履きになるもの。絹でできていて国王も唐衣束以外には用いられず、臣下も「フヤ」の着用が許されなかった。ただ、城内外の警備に当たる役人らには例外的にそれを履くことが許されていたらしく、それは「ハブ」防止のためだったという。

その大砲二門を引く兵らに続くのが、これは後年知ったのだが、あの「波の上眼鏡」ことべッテルハイム！　額が広く、角ばった顎、眼鏡をかけ、褐色のモジャモジャした顎髭に痩せて背の高い人物だった。ベッテルハイムと並んで歩いているのが、これも後年知ったのだが、ペリー提督搭乗の旗艦「サスケハナ」号艦長ベネットだった。ちなみに、あの遠くから見え隠れしていた四隻の異国船、後年「黒船」として知られるものの正体がその旗艦に「サラトガ」号、「ミシシッピー」号、そして「サプライ」号だった。

　ベネットとほとんど肩を並べて行進していたウランダーが通弁のウィリアムズ。その後に続いては清国人が一人、清国風の衣服を着ていた。この人物もおそらく通弁。その四人に続いては、大きなアメリカの国旗を胸に抱くようにして捧げ持つ兵、紺の洋服にきらびやかな洋服、白い手袋をはめ、剣も吊っている。続いては、五人隊列の兵が横列になって何列も何列も続く。どれもこれも身の丈が一丈もあろうかと思われる大男ら。

これら偉丈夫の兵を先導する王府の役人ら、ただでさえ身の丈の低いウチナー役人、今思い出しても、何とひときわ小さな人物、小男に見えたことだったろう。

　横列に勢ぞろいしながら進む兵ら、皆帽子の下から茶色や銀色の髪の毛がはみ出していた。生まれて初めてみる、その赤毛、ヒゲまで茶色のヒゲ面《づら》、酒焼けしたような赤ら顔。朝賢は一瞬「まるで馬の毛、馬の毛そのもの」、と思うと同時に子どもの頃よく見かけた鬼の顔を思い出していた。

神輿に座す「大将」現わる

次に、肘《ひじ》つきの腰掛け、椅子を二本の棒にくくりつけ、四人の清国の人夫に担がせた屋根つきの御輿《みこし》風の物が現れた。その輿は、両横、後方の三方を青と赤の色布で飾られ、そこに恰幅のいい人物が座している。輿の周りにはそれを守るように何人かの兵士が付き添っている。その人物、服装も他の者とは違い、ひときわ艶《あで》やかだったので、これがあの強引な大将だと一目で分かった。ただ、そのときは、これがあのペリー提督だとは知るはずもなかった。その大将、口をしっかりと閉じ、みじろぎ一つせず行列の先頭を見つめていた。その顔《かんばせ》には、ヒゲは生やしてはいなかったが赤ら顔の面長、がっちりとした体躯だった。頭髪はやや黒っぽかったように覚えている。黒衣の襟には黄金色の横筋がつき、前開きになって絹のような白色のチョッキは、胸のあたりから腹部まで金色のボタンの列が二筋。上着の両肩からは、フサフサとした金色のよじれた糸の束のようなものが垂れていた。袖口の周りには五分ほどの金縁が三本、下衣にも縦長の金筋が三本、裾の方まで付いていた。あの格好では、この暑さの中大変では?と、勝手に思ったりしていた。その大将、帽子は被らずに右膝に載せている。それがまた、珍しい三角帽子、三角の天辺から縁の方に斜めに太い金筋が走り、黒い鳥の羽のようなフサフサしたもので縁取りされている。両手には白色の手袋をはめている。その頃までには、私ら首里の若者、初めの緊張感と恐怖感をすっかり忘れ、ただ

ペリー提督
（『よこすか開国物語』）

ただ、目前を過ぎていく長蛇の行列に見とれるばかり。総勢二百人ほどもあったろうか、と思われる大行列の一番最後には、十台ほどの空輿が続き、誰も乗っていない四頭の馬が追っかけるように行く。その空の輿を担ぐ者、馬を引く者が何と皆琉球の人たちなのだった。頭部には青色の鉢巻き、冠姿だったのですぐに下級の役人たちであることが分かった。その様子をみていて、子供心にも「これは、一体どういうことだ。思っていたこととはどうも様子が違う」と思い始めていた。これも後で知ったのだが、その輿も馬もすべて王府の手配で差し向けられたのだった。何でも前日とは打って変わる好天気、急遽ペリー大将を除いて、将校連も徒歩で行進、ということになったという。

摩訶不思議、どうも様子がおかしい、と思ったのには、まず先頭の案内役と思われる者、それに最後尾の者が王府の役人、そのうえ、薩摩の武士らによる警備の気配が全く感じられないようなことがあった。「これはどうも御城《うぐしく》を攻めにいく行列ではないらしい」と、若衆ら皆が合意の意を示したのを合図に、「よし、ついて行ってみよう！」と観音堂の石段を一気に駆け下り、紋門通りを走って、行列を追った。

「守礼門」前の人垣

行列の先頭にたつ兵士ら一行は、すでに中山門から守礼門に至る紋門大道《あやじょうふみち》に到着、当時、琉球国一の大通りとして知られていたその一大基幹道路を埋め尽くし、大仰な音を響かせて楽隊による意気高揚の楽曲を奏でつづけている。何でもその音楽、アメリカの国歌、ヘールコロンビアだとのこと。紋門通りの両側の石垣には、首里の老若男女が群れをなし、皆が皆、固唾《かたず》をのんで眼前に展開する一大ドラマの成り行きを見守っていた。ところどころに襷姿《たすき》に晒木綿《さらし》の鉢巻きをした十人ばかりの「筑佐事」が六尺棒をもって警戒に当たっている。

門前の対応

守礼門付近には王府の役人が十五、六人出迎えていて、その中の一人に白髪に背の低い老人がいた。冠《はちまち》は黄色の地色に緑や紫がかった青色の糸色で織られた花模様の浮織で、着衣は萌黄色の「オーバサー」、錦の大帯をしめており、その衣装は子供にも一目で身分の高い高貴な人物だとわかる「按司」の正装だった。その人物が総理官の摩文仁按司だったことも、後年分かったが、王府を代表してペリー一行との対応、応接の任にあたる者として臨時に設けられた役目だった。

摩文仁按司はじめ、役人らは唐式に両腕を組み、お辞儀を繰り返し落ち着きのない様子。「波之上の眼鏡」にもう一人のウランダー、それに唐の服を着た「唐人《とうぬちゅ》」の三人を中に挟むように剣を下げた五、六人の将校らと摩文仁按司、王府の役人らがしきりに何やら打ち合わせをしている様子。あと、兵隊ではなく、通常の洋服を着た一人の男が守礼門付近の絵を描いている。

間もなく、摩文仁按司が一人の役人を伴って急ぎ足で歓会門からお城の方へと上がっていくのがみえた。その間、かの大将は紋門通りの中山門傍の「客殿」で一休み中だったという。一時間以上の時間が経ったろうか、摩文仁按司が戻ってきて先ほどのような打ち合わせを済ませると、守礼門あたりが少しざわめき始めた。間もなく一人の将校が前に進み出て腰の剣を引き抜き、右手でそれを高く掲げ、大きな声を張り上げた。それを合図に、かの大将、相変わらず輿に担がれたまま、守礼門の門前まで着た時、右手を高く振り上げて軽く上下にふった。と同時に輿がとまった。輿から降り立ちながら、それまで右手にしていた三角帽を左脇に挟んだ。立ち上がった大将、なかなかの長身で威風堂々と威厳にあふれていた。それから左手で剣の柄をにぎり、鞘《さや》の先が地面につくかと思うほどに持ちながら摩文仁按司の方へ、つかつかと歩み寄った。そしていきなり右手を差し伸ばして摩文仁按司の手をとったのだ。背の低い按司、手を吊り上げられるようになったので、人垣の老人らも朝賢も何事か、と一瞬ハッとした。しかし、その時初めてその大将、ニコニコと白い歯を見せたのだった。最も驚いたのは摩文仁按司だったろうが、間もなく、二人は手をとりあって打ち解けた様子だった。これがいわゆる洋式の「握手」というものだった。

人垣の老若男女の中からは、次のような会話が聞こえた。ウランダーが皆あのように背が高いのは、何でも「生まれた時から牛の乳を飲ませて育て、大きくなったら牛の肉《しし》を食べる」、「我々が小さいのは、四つん這いしている足の短い豚の肉ばかりたべるからだ」と言って高笑いしている者の声さえ聞こえる。そのような会話でも朝賢にとりひときわ印象に残っているのが、人垣にいた一人の若い士がポツリポツリと傍の老人らに話していたことだった。一見して明らかに国学に通っているらしい目鼻立ちの整ったその士、何でも、何年か前琉球にやってきた、あの中浜万次郎から学んだ北アメリカ事情について述べているかのようだった。聞くところによると、アメリカでは「ジョン万」として知られ、利発なその若者だったらしい。そのジョン万によると、北アメリカの巨大な海軍軍艦は、六百人近くの乗組員を擁し、帆柱三本で石火矢七十挺づつ有する三段からなり、それぞれ船の両脇から撃ち放つ仕掛けを有するとのこと。ほかにも「陸を走る船」とかといっていたもので、鉄を車道に敷いてその上を翔ぶが如く突っ走るのが、これも後で知った「鉄道列車」という代物。それから、今日目撃した鉄砲、何でも兵士だけでなく一般の人でも万一に備えて「懐鉄砲」を隠し持っているらしい。これが「ピストル」だということも後で分かった。

思えば、その後琉球国、お国元の薩摩だけでなく、大和の大国に激震をもたらし、開国という一代変革を結果する史上の動きの序章を己れの目で確かめた瞬間だったのだな、と朝賢はあらためて感じ入るのだった。

開門か否か、一触即発の危機

これまでの経緯は、しかし、世の史書、史料のたぐいで一般の人々にもかなり知られていることだろう。ただ、かの摩文仁按司がそそくさと歓会門内へと消えてのち、ほぼ一時間あまりの間、城内では王府中枢の面々の間では、国の存亡をかけての話し合い、いや激論が交わされていたに違いない、との予測は本書、一名「朝賢伝」の筆者、私自身が長年抱き続けてきたことだった。まさしく、王府側の打つ手にいささかなりとも「手違い」があったとすれば、それは王国の命運をも左右しかねない一大事につながることだったに違いない。ただ、すべてが平和裡に収束したかの感のある、それ以後の史実はともかく、その「歓会門」の内側での出来事の詳細についてはいままで、全く謎のままだった。その謎をはじめて解く契機となったのが、まさしく「喜場舎朝賢」の残してくれた言辞録だった。

沖縄史上、おそらく初めてかとも思われる歓会門の向こう、奥深い王城内でどのようなことが起こっていたのか、どのような激論が交わされていたのか、という重大事件の詳細について回顧する朝賢のその言辞を追ってみるとしよう。その言辞もまた朝賢が王府の役人になってからずっと後、先輩に当たる何人かの古老達からの聞き書きを元にしている。

当初、王府側の対処策では、ペリー提督一行を城内に入れることなど、全くもってのほか、一行を紋門通りにある王世子の中城御殿の門前で摩文仁按司が出迎え、とりあえずそこに迎え入れて応接、饗応するということだった。理由としては、国王が御幼少で、提督の応接に堪え兼ねること。国王の母君、「国母」が病を患っていること。ペリー一行のような大国の使臣を歓待するにふさわしい設備が城内にないこと、などを表向きの理由にあげ城内での応接を拒絶する、ということだった。ところが一方のペリーは、当日になってもこれを聞き入れず、摩文仁按司に対し、何としても城内で国王に接見することが、アメリカ国の公式使者としての己れに課された任務である。仮にもその要求が受け入れられなかったとすれば、これはアメリカの威信にかかわる重大な問題となるゆえ、その場合は、力を以ってしてでも城内に行進する。と、始終その態度を堅持したままだった。結局は、王府の重鎮の面々も、その圧力に抗し得ず、武装した軍勢だけは場外で待機してもらう、との条件をつけてペリー提督の承諾を得、一行の主だった面々のみを北の御殿《にしのうどん》内の一間を急遽応接の間として準備し、そこに迎え入れた、という。その北殿、入母屋造りの横長の平屋、しかし間口が十一間もあり、中央の大広間、「高牗延薫《こうゆうえんくん》の間」を中央にして、左右には八帖の間が四部屋宛に区切られ合わせて八部屋ある。摂政はじめ、三司官が出仕するのもこの北殿で、一名「評定所」とも「議政殿」としても知られていた一角なので、急遽何人かのペリー代表団歓待の場としても適切な所だったに違いない。

さて、歓会門の内側、王府内での談義に加わった重鎮の面々は次の通り。摂政が尚泰王の叔父にあたる大里王子尚惇、三司官がもっとも強硬派、堅物として知られる座喜味親方盛普、池城親方安邑《あんゆう》、佐久真親方正孟。「表十五人衆」として知られる重役方を混じえての評定では、予想通りまず強硬派の座喜味親方が口火を切った。「異国の者共の高圧的な態度に対応すべく評定所の詮議では、総理官という異例の役職まで設けて摩文仁按司が一切これに当たられると決めたはず。摩文仁按司、軍艦を訪れて礼を尽くし、折衝に努力されたというに、これは一体何事」と語気も荒々しく迫るのを大里王子、やんわりとこれを遮《さえぎ》り、「が、事態ここに至っては摩文仁按司お一人に責ありとするのはあたらない。我らすべてが総意を結集して詮議を尽くさねば」とのお言葉に座喜味按司、「相わかり申した。しかし、絶対に歓会門の開門は承服し難い。しかも城内でなければならぬとの先方の主張には、何か疑わしきものが感じられる。第一国王の威信はどうなるのだ。この国には御定法というのがある。威嚇に屈してばかりでは、王国としての体面を損なうことになろう。第一、あれだけの軍勢にそのまま城内に居座られたりしたらどうなる。考えただけでも恐ろしい」とまくしたてる。しばらく皆口を閉ざしたままだったのを大里王子、腕組みをされたまま「何か他に御意見は〜」との言に小禄親方が「座喜味親方の申される先方の真意の確認も御もっとも、だが一刻を争うこの事態、先の御国元からのお達しもあることだし、なるべく穏便にことを図らねば……」と。だが、主張を曲げぬ一徹者の座喜味按司、なおも「いずれ尚泰王の冊封の儀を執り行わねばならぬ時期が迫っている。清国の信頼を損ねることがあっては、それこそ一大事ではないのか〜」と迫る。

これまでペリー提督一行との折衝に全責任を任された摩文仁按司、難航する事態に、とりあえず守礼門より引っ返し、この御評定に加わったものの、大美御殿の門前で難航する交渉、さらには、守礼門まで突き進み、「波之上の眼鏡」始め折衝に当たった将校らの「アメリカの国威、威信にかけても、ことの次第によっては力に訴えてでも……」との言葉が胸を締め付け、顔面蒼白のまま終始口を閉ざされたままだった。

そこで口火を切ったのが、また大里王子だった。

「先年アメリカから漂着した中之浜万次郎の聞き書きにもあるようにアメリカという国は、強固な軍事力を誇る一方、物の道理をわきまえる人物篤実、寛仁の国だともいう。今一度、物の道理を諄々と説いてみることも必要では。私自身、城外に出てペリー提督と腹を割って直に談判に及ぶとか……」と、一歩進んだ決意を開陳されるお言葉に一瞬重苦しい空気が破られたかに思われた。なおも発言を続けけんとの座喜味按司の様子を牽制しつつ「他に誰か〜」との誘いに、池城親方。

「恐れながら私こと、先に仏国人フォルカード、そしてベッテルハイム当人らとはもとより、御国元との折衝に携わって参った次第です。今この事態を考慮してさえ御国元では、こと穏便に徹すべし、との御沙汰でございます。先の摂政浦添御殿の御在住のおり、当時の在番倉山作太殿から御国元のご意向として『やむを得ざれば、仏人どもの通商の要望を承諾すべし』との内密の御沙汰があったと承っています。運天港調査の件もそのための準備であったはず。その上、今や清国の国勢にも陰りさえ見え、もはや清国の御威勢のみに拘泥《こうでい》すべきでもない御時世であります。唐にも、御国元にももはやそれほどのお気兼ねには及びますまい。それよりも、事は、御主《うしゅー》のお身の安否にかかわりかねない事態となっておりますれば、一刻を争う大事であります。大里御殿のお出ましには及びますまい」と、破天荒とも解されかねない意見ながら、いかにも時勢を見通したかの勇気ある陳述。しかも引き続き「いかにも、すべての将兵を城内に通すわけには参りますまいが、提督始め主だった人数に限って受け入れる、と致しましてはいかがなものでございましょう……」との言葉に摂政大里王子、大きく頷《うなず》かれたという。

池城親方の述べた事情一々についてはもちろん、座喜味親方も御承知の事。別に反意も示さずに、顔をしかめつつ、押し黙っておられた。そのような御評定の雰囲気に励まされたかのように今度は「御鎖之側《うさしぬすば》」の役にある久手堅親雲上が次のように発言。

「この度のアメリカ国の軍艦のわが琉球国到来に真意につき、先方が、かのベッテルハイムに伝えたところでは、このアメリカ国、日本、高麗、琉球と『和好交易の道を開くため』との事。さすれば、戦いを仕掛け御当国を傷つける存念など持ち合わせるはずがありませぬ。軍勢に物を言わせるやり方は、一種の儀式、ウランダーらのよくやる手だということらしい。誠におかしなことながら今城外で待機しているそのベッテルハイムには今後とも斡旋仲介役を願わねば。そのためにもここのところは穏便に取り計らうのが御国元の御意に沿うことと存じます」。

裏方として種々の折衝を経験してきた久手堅親雲上の意向だった。

ここで、この評定の席にも加わり、通事の大役をこなしてきた板良敷親雲上に目をやり、大里王子「その方、これまで摩文仁按司の付き添い通事を兼ねての働き誠に御苦労であった。この際何なりと思いがあらば申すよう」とのお達し。そこでこれまで傍《かたわら》に控えたままだった板良敷親雲上、初めて口を開いた。「この度は、御幼少の国王、国母様がたには、誠に遺憾ながら御心痛いかばかりかと……」と前置きし「御重役がたの御意見、特に座喜味親方の御主張、御もっともとは存じます。だが、相手の勢いに応じて、当国がこれを相手にする事自体が無謀短慮というものでは～」との言葉に、すぐさま座喜味親方「無謀短慮だと、腰抜け奴が……」と顔を真っ赤にして激怒されるのに大里王子「板良敷親雲上、続けよ」との一声に、

「ご無礼を御赦しいただけますよう。仮にも当方の拒絶に先方がおとなしく引き下がったとしましても、あの巨大な軍勢の事、何日も逗留を続ける事でしょう。そして当国の沿岸に絶えず目を見張り周囲の島々への船はもとより、清国、御国元への船の往来を抑えることも致しかねない。しかもペリー大将の言葉の端々には、近々、江戸表にも船を進めるかとも思える節がございます。これ以上、当方が硬直した態度を維持しますれば、まずは「御主」に大きな御難題、災いがかかろうというもの。摩文仁按司様が提督の要求に屈しられたのも、恐れながら、その

ようなご配慮の故とも存じます。ひとまず平穏のうちに迎え入れて、相手の言い分の奈辺にあるのかを確かめ、理をつくして当たる事こそ肝要な事と存じます。北京の国子監に『所見異（みるところことなり）　所聞異（きくところことなるとも）　此心此理同（このこころこのりおなじ）』という柱聯《ちゅうれん》が掲げられております。その心は、たとえ言語が違い、風習を異にしていても人情道理は異国人たりとも通じ合うもの、ということであります。座喜味親方様の清国、御国元への聞こえ、その心遣い、もっともなことでございます。ここにおられるご重役方ご承知のごとく、イギリス国も、アメリカ国も、またフランス国、清国とは誼《よしみ》を通じ合っている仲だと申すではありませぬか」

と、板良敷親雲上、息もつかず一気に申し立てたが、その筋の通った言い分に大里王子も一々うずかれ、一座の空気も一変して開門に傾いたという。

最後まで執拗な座喜味親雲上

とはいえ、かの堅物の座喜味親雲上、次のような例を挙げ、あくまでも己れの主張を通さんとの勢いだった。

「先王尚育様の頃、歓会門をはじめ、久慶門、継世門の扉を厚くし城壁を高くし、一昨年はまた歓会門をさらに三重扉にしてまで外敵の侵入防御に努めたのは、そもそも何ゆえだったのか。甚だ恐れ多いことだが、先ごろ摂政の大里御殿が国母様にご幼少の『御主』を伴いこの際、場外の然るべきところへ万が一の難をお避け遊ばすよう申し上げた。それに対し、国母様は何と

首里城での交歓を果たしたペリー艦隊一行の帰還図
艦隊専属画家ウィリアム・ハイネ作

仰せられたと思うか。『我らに城内の祖廟を捨て、どこへ行けと申す？　もしも災難が起きるとすれば、その時は、先王の御心のところへ向かうのみ』として、幼君のお側に座し、短刀を引き抜いて、その前におかれ、覚悟のほどを示されたというではないのか。そのお覚悟を拝するに及んでは断じて開門すべきでない」

しかし、すでに一座の空気は、何はともあれ、ここは平穏に、との意向が支配的だった。小禄親方と源河親方が積極的に板良敷親雲上に賛意を示され、一方の座喜味親方は、声を挙げて泣かれ、評定の御重役方も袖で涙を拭かれた、という。最後に「武装の兵士らが城内に入ることは、御内原に対しても心労奉ることで、いかにもお城の御威信にかかわる。これだけは何としても」とのお気持ちをペリー提督が受け入れて、城内へは大将以下主だった人物だけが同行し、武装の軍勢は守礼門外で待機ということになった次第だった。

こうして、ペリー提督とその重鎮の幾人かが城内に消えるまで、守礼門外に待機する武装楽隊の一段と勢いをます喧騒ぶりが続いた。その後、一行を従えたペリー提督、紋門通りを下り、大美御殿での王府側の歓待の場に臨んだという。

ちなみに今日、かの泊港北岸近くのウランダー墓に大きな姿で屹立する「ペルリ提督上陸之地」碑に刻まれる「……琉球人とアメリカ人とが常に友人たらんことを望む」との提督の言葉が、史実の外面、表面のわずかに、わずかに一面をのみ伝えるものだ、とのことを二十一世紀の今を生きる我らが郷土の同胞《はらから》は知っている。

浮世絵師安藤広重晩年の筆になる黒船
（*American Heritage*, 1958）

大動乱期～その前夜、冊封～「御一世、御一度の大礼」

わずか数ヶ月後に明治天皇践祚《せんそ》、即位、即ち徳川将軍慶慶が大政を奉還、天皇親政の王政復古の大号令が発布されんとするころ、南の琉球では、相も変わらず「唐、清国の御取持ち《うとういむち》、御《う》取合《うといえー》」に忙殺され、やがて来る大和における「版籍奉還」の波が琉球国の御政道にどのような関わりを持つのかさえ、いまだ明確には把握されぬままだった。その何よりの証拠が、慶応二年（一八六六）に行われた「冊封の大礼」だった。琉球国の国王、重鎮の面々にとっては、この大礼が前後十年にわたる紆余曲折を経た上で実現した政道の勝利と解されていたのもゆえなしとしない。まず、かつて、「請封の進貢使節」を清国に送り、安政五年（一八五八）には冊封の大礼を行うことを王府ではすでに安政三年（一八五六）の時点における評定で決定していた。しかし、当時の御国元、薩摩では藩主斉彬が西洋諸国との交易、開港計画を極秘裏に進めていた手前、琉球王府からの「請封使節」派遣に許可が出ず、宙に浮いたままだった。結局、実際に「請封」の使者として津波古親方が清国に送られたのが、それから幾年もの年月を経た元治元年（一八六四）、そしてついに冊封の大礼が挙行されたのが、上述の慶応二年に至ってからだった。

朝賢思うに、琉球国が弘化の頃から押し寄せる内憂外患の荒波に、時として打ちひしがれることはあったとしても、何とか耐えてこられたのは、清国との貿易が許され、独立という「国家の飾り」の下で財政を保つことができた外交力ゆえだった、と。その外交力とは、即ち王国の政道「大和へのご奉公」、「唐の御取合」という信念に支えられてのものだった。そのような生き方ができたのも、思えば琉球が江戸からも薩摩からも、また清国からも遠く隔たった南海にあったればこそ、すなわち目に見えぬ洋中の防波堤があったればこそ、との思いをどうすることもできなかった。

ところが、西洋の東洋進出という、時代の荒波は、その洋中の防波堤が全く無力、無意味だと、改めて意識の改革を余儀なくされたのだった。その地の利をえた琉球国の位置、地勢を西洋列強が見逃すはずはなかった。米、仏、オランダとの間に結ばれる条約がそのような世の動きを象徴して余りある。

そして、琉球国における「冊封の儀、大礼の儀」を行わんとやってきた、清国よりの正副使節一行六百余名が半年もの長期にわたる琉球滞在を終え、帰国したのが慶応二年（一八六六）十一月四日、これが過去数百年にわたって行われてきた最後の冊封の儀になろうことさえ王府の面々には認識されていなかった。そして、その僅かに二ヶ月後、翌慶応三年正月九日には明治天皇の践祚、翌慶応四年八月、明治天皇即位の大礼、九月には改元、明治の世となるのだったが、そのことが、琉球に伝えられるのは二ヶ月後の十一月二十一日のことだった。その時点においてさえ、琉球では、もともと江戸表や御国元、薩摩との公用文書では大和年号を用い、清国に対しても清国の年号を使用する仕来りだったので、安政が万延になり、文久に変わって元治、そして慶応が明治に変わっただけ、という受け止め方をしていた。やがて来る「日清両属問題」への関わりなど、全く念頭になかったかのようである。事実上、「琉球は、薩摩、大隈、日向と共に鹿児島藩知事の管轄に入る、今までの大守様が藩知事になり、大和へのご奉公には変わりがない。将軍が廃止になって天皇様が御政治向きに。それも藩知事を通して今まで通りであるらしい。してみれば唐の御取合も変わることはないだろう」と解し、王府では安堵の気配さえあった。

「廃藩置県」

と、そうこうするうちにも大和では、明治四年七月四日、「廃藩置県」の大号令が発せられる。「藩がなくなる、御国元の薩摩藩がなくなる。琉球はどうなるのだ？」、薩摩琉球館から届く指令、報告に王府は改めて事の重大さに気づく有様だった。かつての藩主忠義公が藩知事になり、そしてこの度の「廃藩置県」の布告によって鹿児島藩は鹿児島県となり、それに伴って藩知事忠義公も免ぜられた上に東京居住を命ぜられた。新たに鹿児島県は、糾明（検査）総裁の任にあり、かつては俸禄三十六石の旧藩士に過ぎなかった大山綱良が「鹿児島県権大参事」に就任、旧藩主に代わって新政府の命に基づいて県治をあずかる。琉球は、従前通り鹿児島県の管轄になる、ということだった。

一方、琉球王府内における評定所の議は次のようだった。まず、以後琉球を新政府の直轄に、との新政府の発議があるとすれば、極力これを拒絶し、従前通り薩摩附庸国のままとすることを要請する。これがどうしても否というならば、せめて薩摩管轄下で朝廷へのお勤めをする。東京、薩摩へのお取合は、従来の江戸幕府に対する例に準じ毎年、年頭使者を薩摩へ出し、薩吏と共に上京せしめる。

奄美大島、鬼界島、沖之永良部。徳之島、与論島は、慶長十四年以来薩摩に割譲されたものであり、もし五島が朝廷に転属されるような議がでたら、今日までの事情、由来を詳述して琉球への返還を求める。

ただ情勢は刻々に変化、鹿児県よりは、王府に対し「宇内形勢一変、朝廷より追ってさらなる御改革の趣意を伝える使者を琉球に派遣する」旨、連絡するとのお達しだった。

朝賢の伝える内部情報～「史伝」

そして、明治四年（一八七二）、朝廷より薩摩との関わりについての報告を求められ、薩摩は朝廷に対し、次のような回答をなしていた。朝賢は、その内部情報を次のように示している。その内部情報のもとになった文書、史料を朝賢は、「史伝」として記録にとどめている。文語調のその「史伝」は少々読みづらいが、難訓をひらがなに改め、煩をいとわず以下に再録しておこう。

そもそも同国の儀は、上古より沖縄島と呼び来たり、南海十二島の内にて、皇国属島の儀は、古史にも載せられ、文治二年島津家の祖、豊後守忠久、薩、隅、日封国の際、南海十二島の地頭職補任以来、代々旧封を継ぎ、附庸罷在ところ、兵乱によって海外の所置行届き兼候哉、洪武五年（我が応安五年）、彼に服従し、王号を受け、衣冠等明制に変革し、国号を琉球と改め候得ども、全く拒絶に立ち至らず、応永中、足利将軍の時代には、使節差し送り、書翰往復等、之有り、嘉吉元年、九代陸奥守忠国、将軍家より恩賞のため、更に琉球国加封之有り、その後使節貢船等差し送り、爾後、永正、天正中まで中絶なく来聘のところ、朝鮮征伐の役により、貢納緩急につき、来聘相勧め候得るども服従致さず、慶長十四年、十八代中納言家久、兵を遣わし、征討に及び候ところ、遂に謝罪降服仕り候につき、国内諸島、総べて検地いたし、藩内領地高に相加え伝領致して嘉永の度にいたり、中絶なく旧幕府へ入貢仕来り候。

しかしながら、全体貧弱の小国にて名義不当の儀には御座候えども、皇国、支那を父母の国と相唱え、両属致さず候ては立ち行き難きやむを得ざる国情にて、旧によって所置罷在候。

しかる所、正保年間、清国革命の際、剃髪衣冠更換の命を下し候も測り難く、その期にいたり、いかが所置致し申すべき哉の趣、明暦元年十九代、大隈守光久、旧幕府へ相伺候ところ、もし使節差し送り候はば、彼の意に応じ苦しからず候えども、内国の事務にいたり、大隈守計を以って処置致すべき旨、老中より達これ有、もっとも慶長降伏以来、今にいたり、鹿児島表より士官刺し遣わし政務に関係致させ、琉球よりも鹿児島へ官舎相建て、官員の者、交代在留仕り居り、かつ毎年租税差し送り、支那へは隔年に貢船差し渡し渡し申し候。

辛未七月十二日　　　鹿児島藩

弁官御中

右につき、鹿児島県より差し出し候琉球国一条取調書別紙写御廻申候間御落手可有之候也。

辛未九月五日　　　史官

外務省御中

ということで、琉球問題は明治四年の廃藩置県前後には、すでに廟議《びょうぎ》に付される事になっていた。

奈良原幸五郎、伊地知壮之丞、書記、伊地知小十郎を派遣

こうして、琉球問題を巡る新政府の動きに、鹿児島県として手をこまねいていることができず、というよりも御維新にあたって琉球自体がこの取り組みに欠けることがあっては、管轄の責を負う事になり、以上の成り行きを十分に周知せしめるべく、伝事、奈良原以下の面々が琉球に派遣された。使節一行が琉球に到着するのは、明治五年一月十五日。一行は時の摂政、与那城王子、三司官、宜野湾親方、川平親方等に対し、おおよそ次のように説諭した。

まず、嘉永六年（一八五三）、米国海軍提督ペリーの江戸湾浦賀来航にともない締結された日米和親条約をきっかけに幕政をめぐって国内が動揺、遂に幕政が行き詰まり、結局将軍慶喜の大政奉還により幕府が崩壊した。そして御維新にいたる経過を次のように説明。すなわち、薩長土肥の四藩を中心とする版籍奉還の断行により、薩摩藩主をはじめ、全国二百七十五藩の各藩主による従来の藩政が終わりを告げた。これを以って王政復古という天皇親政の国体に変わり、それがこの度の廃藩置県の一大改革によって名実ともに天皇親政の体制となった。

琉球が御国元と称してきた薩摩藩は廃止され、鹿児島県となり、藩は幕を閉じた。琉球国が

何百年にもわたって続いてきた薩摩藩の附庸国という関係もここで消滅する事となった。であれば、薩摩藩同様、琉球王国の国体も変革されるべきところ、幸い、今日までの特別の関係、事情ゆえ従来通りの国体のまま、鹿児島県の管轄に帰することとなった。しかし、時一刻と変転する時勢では、朝廷においても新たな変革が今後も次々と行われることだろう。

一方、清国には西洋諸国が侵入し、今また英国と事を構えている。もはや従前の清国ではなく、今後どうなるとも計り知れない国情と聞く。また、明治四年四月には、大蔵卿が清国に派遣されて日清間に仮条約が結ばれたことでもあり、長く存続してきた琉球と清国の関係も、遠からず日本と清国との関係に含まれていくであろうことも心得ておくべき。琉球は今後王国のままの国体が存続されても、中央の朝廷から見れば、内地の他の諸県と全く同じと考えられる。したがって、御維新の目指す旧弊の打破という基本的な御政策に沿って琉球において万事旧来の陋習《ろうしゅう》を改め国の制度も極力簡素にすべきである。

維新政府、正院に「琉球国の処置を議す」と報告

果たして、明治五年五月三十日付を以って大蔵大輔《たいう》井上馨より正院宛に琉球国の命運にかかわる具体的な処置、見解が提出された。これは、表向き正院において評議に付すべしとの形を取りながら、事実上、中央維新政府の具体策の開陳であった。すなわち、「これまで幾百年にもわたって行われてきた支那との冊封制度が相蒙曖昧《あいもうあいまい》のまま継続されることは、百度維新の今日、なんとも不都合極まりない。その陋習を一掃し、改めて皇国の規模御拡張の御措置これあ

りたし。されども、威力を挟み、侵奪の所為に出候而然るべ《いでそうろうては》からず（傍線部、引用者、山口）。よって彼の首長を近く朝廷に招致し、その不臣の罪を叱責し、彼をして悔悟、謝罪、茅土《ちど》の所有す可らざるを了解せしめ、然るのち、速やかにその藩籍を収め、明らかに我所轄に帰し、国郡制置、租税調貢等、ことごとく皆内地一軌の制度に御引き直し相成り、篤と御評議尽くせられたく」。

そして、これを受けた正院は、左院あてに「琉球の儀は、従来薩摩に附属し、観礼を修め、幣帛《へいはく》を献せり。しかして彼また、支那の正朔《せいさく》を奉じ冊封を受く。我またその携弐の罪を問わず、因循数百年の久しきを過ぐ。今や明義を明らかにし。綱紀を張るの時にあたって、かくの如く曖昧のこと匡正《きょうせい》せざる可からず。之を処分す如何にして可ならん。宜しく審議上陳すべし」。

以上の次第で、琉球問題の処理、取り扱いは、いよいよ廟議の俎上《そじょう》に上がることとなったのだった。

神の啓示か〜異様な芙蓉の花

その頃、明治五年六月二日のことだった。思えば、喜舎場朝賢が、正使伊江王子　朝直、副使宜野湾親方　朝保ら、上京慶賀使節一行に伴われて那覇港を出港する同年七月二十五日をわずか数週間後に控えた日のことだった。

三司官川平親方のお屋敷の一隅に植えられていた芙蓉の木の一本の枝に、何と二つの大きな花が開花した。通常、一本の長い枝には花が一つ咲くというのに、この異様な出来事に狭い首里のこと、たちまち噂が広まった。首里の人たちの間では、昔から天気運気にかかわる変事が起こる前には必ず「神の啓示」がある、と信じられていた。これを人々は「天のさしるめ」、または「お天事《うていぐとう》」といっていた。さし渡しの幅が大きいものでは三寸もある美麗極まりない花である。「芙蓉の姿」とは、よく言ったもので、美女の艶やかな色香、姿を言い表すことば。その噂話を耳にした朝賢、ふと「美人出南国　灼灼芙蓉姿」と吟じた李白の漢詩を思い出したものだ。朝、昼、晩に白、淡紅色、桃赤色と色合いを変える芙蓉の花の様子に、朝賢もまた、世間の因縁話と受け取られかねない、この出来事に何かしら「ただならぬ物、大きな変事」の前触れなのでは、と思ったりしたものだった。

　その数ヶ月前の明治五年一月末、鹿児島県よりの使者、奈良原幸五郎、伊地知壮之丞両人から「琉球王国の国体制度は、御維新、廃藩置県の後も旧のまま。鹿児島県の管轄下にあることも旧慣通り」と告げられて、摂政の与那城王子、三司官の宜野座親方、亀側親方、川平親方らが安堵しておられた矢先の椿事に、朝賢の思惑とは異なった吉事ならんとの思いでいたのだろう。

　はたして、その「椿事」の三週間後、六月二十一日には、鹿児島県から在番奉行の一行、副崎助七、ひき役の岩切諸右衛門、根占与助、須田十郎太、上床伝之丞らが鹿児島参事、大山綱良からの指令を携えて琉球へ到着した。

「慶賀の礼」表示に参朝すべし、との朝命

三司官、宜野座親方、亀川親方らが福崎助七、奈良原幸五郎、伊地知壮之丞らとの会見の席上、福崎助七から「鹿児島県に対する朝命である」として伝えられた指令、命令の趣旨は、次のようなものだった。すなわち、「維新以来、琉球国王より慶賀の礼を修めしことなし、よって王政一新につき、御祝儀かつ御機嫌伺いのため参朝せしめる」、というものだった。福崎は続けて「国王自ら親しく参内する事が至当だが、これについては、御容赦になり、国王名代を差し向けられるよう。ついては王子一人を正使とし、三司官一人を副使とする。随従の者も極めて簡素に召し連れる事。なお、遠からず権大属、今藤宏が正式の内諭を携え、蒸気船豊瑞丸で迎えに参るから、使節一行はそれに乗り組み、上京することとなろう。それゆえ使節の任命、その他の手はず、準備を怠りなきよう」と。

その頃、摂政、与那城王子が病いのため摂政職を辞任され、伊江王子が仮摂政職に任ぜられた。この人事の背景には、尚泰王が伊江王子を慶賀使節に任命するとの前提、合意があった。副使には三司官、宜野湾親方を充てることとし、大山綱良の内諭をうける旨、福崎助七に回答した。そして、七月十一日鹿児島からの正式な内諭を伝える権典事、右松祐永、権大属、今藤宏らの搭乗する豊瑞丸が那覇港に入港した。

これが、本書冒頭に記した慶賀使一行の慌ただしい豊瑞丸乗り組みの日、七月二十七日のわずか十六日前のことだった。一方、これと入れ替わりに奈良原、伊地知らは、那覇を出発し、鹿児島に向かった。そして鹿児島に着くや、伊地知らは、琉球滞在中の使命達成の経過、慶賀

使節の参京につき内諭尊奉の次第を報告したのだったが、ただ、その伊地知が那覇出発直前に耳にした一大事の聞き書きの一切を大山綱良に報告したことを朝賢は忘れなかった。

「宮古島島民の虐殺」

その鹿児島、琉球館間に代表団が行き交う万事多事多難の折り、さらにそれに追い討ちをかけるように大山綱良の元に届いた椿事の経緯を以下に記すとしよう。今日、その「椿事」の詳細については、多くの史書などで、その大要が明らかとなっているものの、朝賢がそれを知り得た時点で、その内容を書き留めているのは、何としても有難い。それだけではない、その内容報告が、琉球史研究史上でもごく初期のものであるにも関わらず、いかに詳細を極めるものなのかは、特筆するに値しよう。

琉球宮古島の六十六人の乗り組む船が那覇出港後、嵐に遭遇、台湾に漂着するのは明治四年の十二月。その内の五十四名が台湾杜丹社《ぼたんしゃ》蛮人によって殺害され、生存した宮古の仲本筑登之、島袋筑登之ほか十二人が生還し、那覇に寄港するのが翌明治五年六月だった。伊地知からその報告を聞いた大山綱良、「日本国の版図に在る住民の殺傷は黙視できない」として大いに憤慨、「台湾に対して問罪の軍を派遣すべし」との趣意を受けた伊地知は八月十二日には東京に着いている。

この時、たまたま「琉球使臣上京を控え、同国の事情を熟知する者を出頭せしむべし」との外務省より鹿児島県への通達があり、伊地知は八月十四日に外務省の宮本大丞に面会、琉球事情について応答。同時に外務卿宅を訪問して、宮古島人殺害の経緯、琉球の政体風俗につき報告している。そのような事情から伊地知は八月二十二日には外務省出仕の任を拝命、琉球使節の上京に備え、接待係の命を受けるのだった。

伊地知の琉球事情調査

朝賢は、後年伊地知が琉球国の政体風俗につき、関係者にどのような説明をなしていたのか、についての聞き書きを残している。「政体、風俗、住民の気質などを細かく観察するに、官階秩然礼制粛然　人敦僕《とんぼく》の風ありて観るべきもの甚だ多しといえども、僻陋《へきろう》頑固の風、人々心肝に凝結し……」としていることを知り、朝賢は「如何にも『頑固の風』には思い当たることが多々ある。しかし、そのような人民気質があったがゆえに、国は保たれ、礼制も粛然であったにちがいない」としながら、一方、「とはいえ、そのような気質は、開明の世には向かぬかも……」との感慨を吐露している。頑固の風は、しかし、朝賢の時代には、あの「かたかしら」、ちょんまげ、女性の「からじ」などに見るように、依然として旧慣のままであった。

ところで、当時「時の人」とも目されていた伊地知壮之丞、今日、伊地知貞馨《さだか》として知られる人物で、当時の琉球事情調査に基づいてまとめたのが、これも識者の間で広く知られる「沖縄志」である。巻一、地誌、巻二、官職、貢献、物産、政俗、巻三、四、五、が事跡、史伝、人物、系譜を扱う。巻頭に琉球属和録、明史、宋史、中山伝信録など全七十四件の引用史書、書目を掲げる。書中の首里城図はじめ沖縄島全図、中城城図、久米島図、宮古島全図、八重山

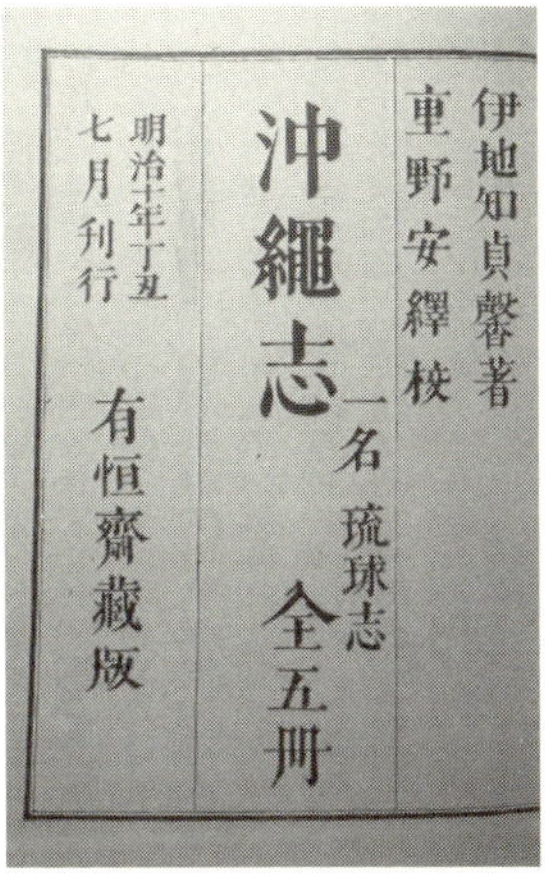
伊地知貞馨著
重野安繹校
沖縄志　一名　琉球志　全五冊
明治十年丁丑七月刊行
有恒齋藏版

琉球国からの慶賀使伊江王子一行と交流し、当時最も琉球事情に詳しいとされた伊地知貞馨の著書『沖縄志』

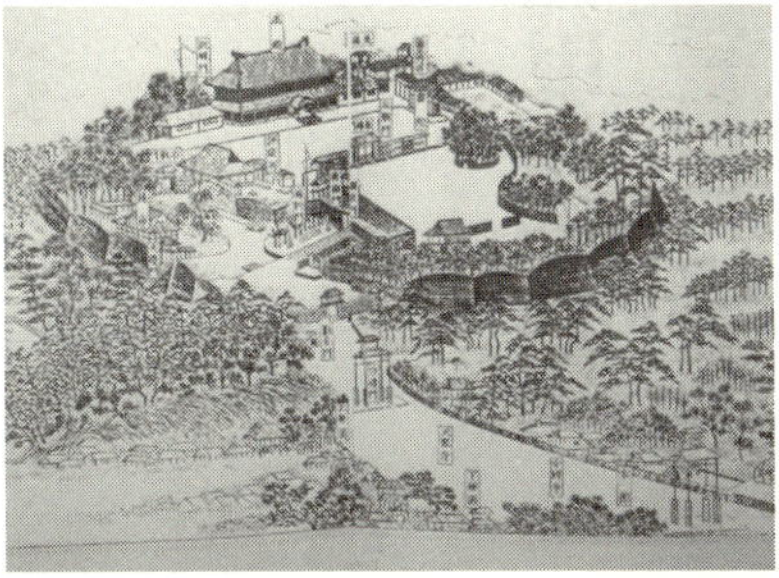

『沖縄志』巻末の解題に「わが国最初のまとまった沖縄の歴史地理書」とされる本書には「首里城図」「那覇港図」「久米村図」「物産図」など多くの図版が収録されている

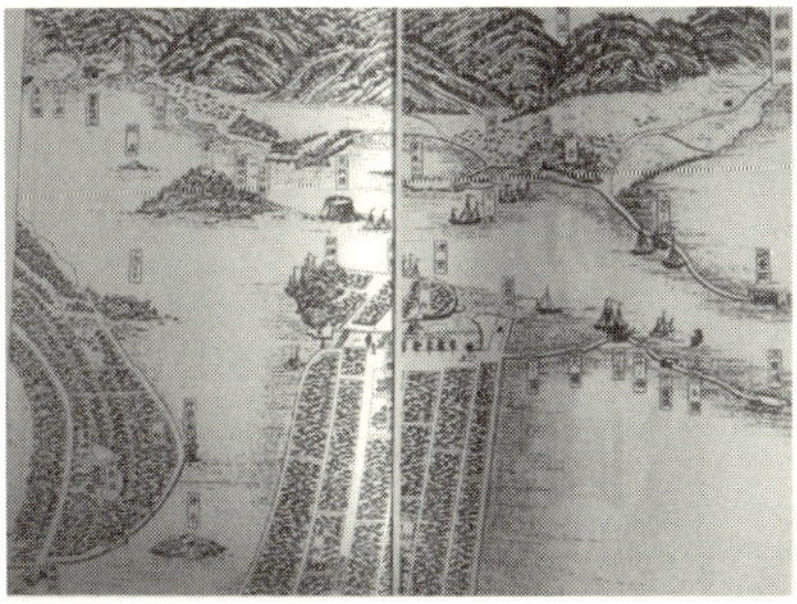

「那覇港図」

「中城城址図」

島全図、物産図など、貴重な図録を収める。本来全五巻からなり、原題には「沖縄志　一名琉球志」とある。明治十年（一八七七）の刊行。後年一冊本として刊行され、巻末に「伊地知貞馨伝」を付した復刻版が知られる。

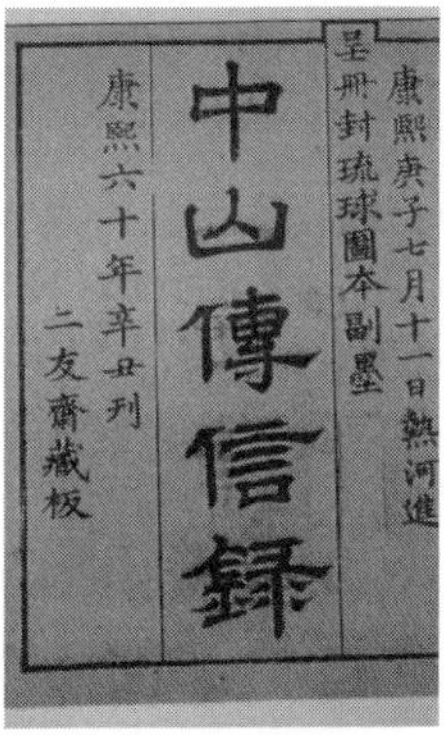

『中山伝信録』

左院「琉球藩王」を華族に叙するには異議

琉球使節団一行が那覇を発つ一ヶ月前、明治五年（一八七二）六月に先の正院の諮問に対して左院は「琉球国使者接待並その国を処置するの議」と題する意見書をまとめている。その意見書は、全九項に及ぶが、それを朝賢は次のように要約している。

琉球が日本と清国に両属しているような状態を今一方的に改めると、清国との間に争意を惹起することになるから、従来通り琉球は清国から冊封を受けてもよろしい。なぜならば、琉球は、事実上日本の所属、管轄支配にあるから、侯国と名乗ろうが、王国と名乗ろうが問題ではない。ただ、すでに内地では廃藩置県が行われており、国王を藩王に指定することには、問題あり。なお、藩王を華族に叙するには異議あり。琉球のことを掌《つかさど》るのは、大蔵省より外務省所轄がよろしい、と。

以上のような朝賢の要約とは裏腹に、結局、その琉球国の「処置」が琉球国の「処分」となり、「従来通りの冊封でよろしい」が「冊封まかりならぬ」に、「琉球藩にしては、問題あり」が「琉球藩」に、「藩王を華族に叙するには異議あり」が「藩王が華族に」、そして「大蔵省、外務省所轄云々」が「内務省所轄」になる、というように刻々と変転する様相に、我々は、その時点に於いてすら、中央維新政府中枢がいまだ終局的な見解には至っていなかった事情を窺い知ることができる。したがって、その時点で「琉球の処置に対する廟議は、すでに決定されていた」との朝賢の見解には、疑義を挟む余地あり、とせざるを得ない。

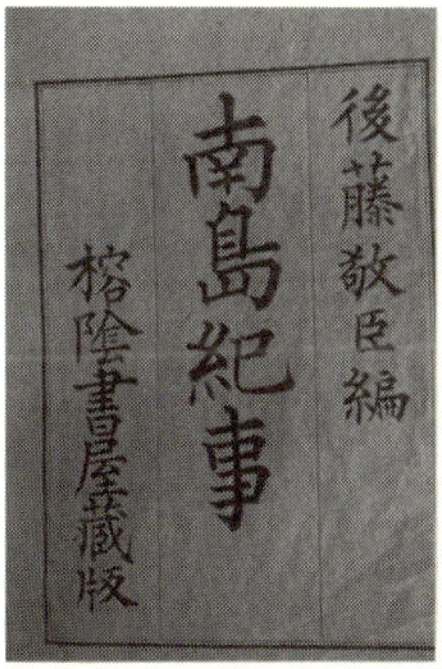

『南島紀事』
伊地知貞馨が序文を寄せている

外務大丞柳原前光、宮本小一、琉球使節に面会

では、琉球国が「琉球藩」となり、「琉球国王」が「琉球藩王」となる、との琉球国の国体像にかかわる中央維新政府よりの最終伝達、いや最終宣告ともいえる重大事項を初めて正使伊江王子、副使宜野湾親方らが受け取るのは、何時のことだったのだろう。それは、一行の那覇出立より、一ヶ月余を経、品川に到達した九月二日、その二日後、九月四日のことだった。

後年、その日の模様、詳細を知った朝賢の語る次のような言葉に耳を傾けるとしよう。朝賢のその言葉は、使節同行の使賛翁長里之子親雲上が克明に書き留めた「正使伊江王子参京日記」はじめ、多くの関係史料に基づくものだった。

「この日、午前十一時頃、外務大丞柳原前光、同宮本小一のお二人が見え、伊江王子、宜野湾親方、喜屋武親雲上御三方と奥向庭に面した十二畳の間で、お人払いの上、御打ち合わせがございました。まず柳原、宮本の両大丞から型通りの遠来の御使者の労をねぎらうお言葉があって後、柳原大から次のような御言葉がありました」。柳原「国王尚泰殿の慶賀上表文、当方においても仔細に拝見、首尾よく存じている。このたびは、お上への天機御伺い御維新の慶賀を申し上げるのは当然のことながら、宇内《うだい》の形勢をみるとき、琉球国は、単に鹿児島県一県限りの管轄とするにはあまりにも荷が重い。何となれば、琉球国は、アメリカとも、フランス、オランダとも和親の条約を締結して現在に及んでおり、皇国としては、外国との交際向き条約の締結が二途に出ずるとあっては、皇国の面目が相立たない。また、それは外国に信を問われるだけでなく、混乱が生ずる。いずれ琉球国と諸外国との条約は、政府の所掌するところに移されねばならぬ」。こう発言した時、「柳原の目は光をおびていた。いよいよ琉球にとって、重大な発言が柳原の口から出た」、と朝賢は記している。

そして、伊江王子が「御条約の件につきましては仰せの通りでございますが、条約は生きております。それは琉球国の信義にかかわる次第でございますれば、そのままの姿……」と言いかけたとき、宮本はそれを遮《さえぎ》って「伊江王子殿、それは、御考え違いも甚だしい。琉球国は、今鹿児島県の管轄下にあるとしても鹿児島県は日本国でござる。したがって琉球国も、皇国のご版図の内でございますゾ。柳原殿が申されたように、皇国が外国との交際信義を取り結ぶ条約が、二つも同じ外国と取り交わす、これこそ条理の通らぬ話。今、琉球国の信義にかかわる、と申されるのは、今日においてて筋が通りませぬ」。

この時、宜野湾親方が「先に鹿児島県官奈良原幸五郎殿、伊地知貞馨殿が県大参事大山綱良の命を受けて来琉された折り、御維新廃藩置県の折柄なれど琉球については、御国体安泰なるを謝すべし、との御沙汰有るを以って、我々一同、左様に心得ておりますれば、伊江王子の御存意もそれにもとづいてのこと」と、補足した。これに対して柳原は「確かにかって左院においては、琉球については特別な事情あるによって、そのまま安堵するも可ならん、とのお決めであった。それはそれで良いとして、諸外国との交際はまた自ずから別のもので、仮に薩摩藩が取り組んだ外国との取り決めは、鹿児島県となった今は、中央政府の責任でこれを処理せねばならぬ。それと軌を一にする道理でござる。鹿児島県限りの外国との条約は相なりませぬ」、とたしなめるような強い指示ともうけとめられる発言をした。この点、朝賢は「伊江王子も宜野湾親方も内心ではもっともなことだと思った」としているが、賢明な朝賢にしては、その自国、琉球王国の命運を左右する危機的な瞬間に、そのように早々と柳原の発言を伊江王子らが「もっともなこと」としているのは、どうだろう。柳原の「仮に薩摩藩が取り組んだ外国との取り決めは……鹿児島限りの外国との条約は……」云々が、かつての薩摩藩、今の鹿児島県が、琉球王国並みに外国との条約を締結し得る立場にあったろうか、その事実はない、と疑問を投げかけるくらいの知恵者であったはずの朝賢が……。いずれにしても、この点は維新政府も対応に苦しんだであろうし、それゆえにこそ、その新政府当局の真意が見え見えしていて、忸怩《じくじ》たるものがある。

柳原は、続けて「実は御使者方……」と言葉を改めて「このたびの朝賀の御儀式では恐れ多いことながら、琉球国を琉球藩と御指定になる思し召しである」との重大発言があった。朝賢は、その発言を受けた「伊江王子も宜野湾親方も、一体それが何のことか、理解し得ない怪訝《けげん》な顔をし、首を傾けるのであった」としている。

柳原は、さらに言葉を続ける。「極く内密に、前もって申し上げねばならぬことゆえ、あるいは突飛なこととお思いになることであろう。しかし、お上におかれては、琉球が皇国の版図であることを諸外国に宣言致さねばならぬ。明治四年、御国宮古の島民が生蕃によって多くの人命を失った事件は、皇国としては問罪に付さねばならぬ。それも琉球がわが国の版図であることの宣言でござる。したがって、御使者方もここのところを十分にお心含みいただき、お上の配慮、お心遣いのほどをお受け致さねばならぬ」。

琉球藩という「幻」

琉球の御使者方は、初めて明かされた琉球藩の御指定の沙汰に驚かれたのだった。そして伊江王子「琉球が藩になるとすると国王は？　如何相成るので……」。すると柳原がおもむろに言った「御安心あれ、藩知事ではなく藩王になられる。国王は、琉球藩王になられる。そういうこととお受け取り願いたい」。三使は、何ゆえに、琉球国王であってはいけないのか。上表文は、琉球国王から奉ることになっているのに、わざわざ藩にして藩王に封ずるのか、と反問するほど、真意をつかみかねていた。

筆者の私は、かつて「ないものを潰《つぶ》すわけにはいかない。いずれはつぶされる運命をになって登場したのが『琉球藩』という幻だった」と記したことがある。いまや、維新政府、伊江王子ら三使の単純、しかし、当をえた疑問に、その「幻」をもって答えたのだった。いかにも、朝賢が記述しているように、「しばらく、沈黙が続いた。それは、重苦しい雰囲気だった」。琉球を出発するに当たって、「鹿児島の管轄のままに、旧の通りに」、との三使の陳情の意図は、こうして抹殺された。直接政府の管轄に相成る、との趣意が説明されてから、「さて……」と今度は、宮本が口を開いた。「柳原殿が申された次第でござるから、お上から藩王御指定の御沙汰が出たからには、国王の名代として参られた方々は、これを有難く御請け致さねばならぬ。そこで、ここにその御請文の案文が用意されておるから御検討ありたい。ただし、お上の御沙汰は、これは御辞退申し上げるわけにはまいらぬ。その案文、当方で浄書するので、両三日以内に改めて官員を参上させるが、一字一句の訂正も相ならぬ。これは、廟議でござれば……」。三使は、一言も発することができなかった。

極秘裏に進められてきた、その「廟議」は、かの伊地知でさえ知らなかったのであろうか、いや、あるいは熟知していて時の熟するまでは、と秘していたのかも知れぬ。

三使が予期していた天機奉伺と慶賀の儀式とは全く違ったものになろうことに心が重かった。柳原と宮本が、廟議の内意を率直に、ある意味では抑圧的に伝達しえたことに両名とも安堵したのか、いや、あるいは三使がそれほどの抵抗もみせないことに気が緩んだのか、緊張が解けた風に見受けられた。しかし、その実、三使にとっては、複雑で重苦しい気持ちでものが言えなかったのだった。柳原、宮本の両人が「国運隆昌、諸事旧弊を脱してまいる朝廷のなさること、決して御心配なきよう」、と言い残し、笑みをさえ浮かべながら三使のもとを辞したのは、午後一時をまわってからだった。

琉球使の宿舎

ところで、朝廷の代弁者、柳原と宮本両人が、琉使伊江王子、宜野湾親方、喜屋武親方御三方との会見が行われたのは、上京後、その琉使御三方の宿泊所、愛宕下にある元豊後佐伯藩二万石の藩主、毛利高謙《たかあき》の屋敷。正面入り口は、道路から三間ほど奥まって両開きの扉、その扉には八双金具がつき、乳金具が一つの扉に二個付いている。門にかぶさる大屋根は、堂々たる瓦葺きで、重厚味に溢れている。当主の毛利高謙は、慶応四年の四月には一旦、この江戸屋敷を引き払い、京都に藩邸を構えたものの、版籍奉還後は、佐伯市知事になり、廃藩置県によって東京に戻り、この屋敷に住んでいるところを、この度、政府が借り受け、その間、ご当主は白金今里町の元下屋敷に移られている、とのこと。朝賢は、毛利家の家令、柳川八郎が喜屋武親雲上に、以上の次第を話しているのを聞いている。

ちなみに、その朝賢、自ら「何でも写し取っておく気性」としているように、外務省から見聞のために届けられた毛利邸の見取り図を翁長親雲上が「伊江王子の参京日記」に写し取ってあったのを、朝賢がさらにそれを写したものだった。「何でも取っておくと、あとで役立つ」としている、朝賢のその見取り図には、「毛利高謙邸　八番地所　二千五百三十坪　その坪数七番八番二カ所　凡三千三百四十坪有余、桑茶園七番地所　七百七十九坪有余」とある。ちなみに伊江王子にあてがわれた部屋は、十二畳、十畳、九畳に床の間、物入つき。宜野湾親方のが十三畳、十一畳、床の間、喜屋武親雲上のが十四畳、十畳、床の間つきだった。

初の東京見物

柳原、宮本両人との会見後、琉使一行は馬車で浅草界隈の散策、見物という段取りだったが、当初三使は、心重く気が進まぬ思いだった。しかも午後は、あいにくの雨。しかし、結局、渡辺少記と堀江少録の同行案内で予定通り馬車二台が仕立てられ出発した。一台目に伊江王子、宜野湾親方、翁長親雲上、上江洲筑登之親雲上、それに朝賢が同乗、渡辺少録が案内役だった。二台目には、喜屋武親雲上、山田親雲上、与世田親雲上、それに堀江少録だった。何でも、京橋、日本橋を経て、との案内役の説明があったものの、一行は、町の賑やかさと人通りの多さに目を奪われ、あまり耳に残らなかった。なかでも店の多さに驚きの色を隠せなかった。

「唐物屋《とうぶつや》」と記された大きな看板に、「オヤ、琉球の品を扱っている？」と思ったのもそのはず、かつては、琉球の品物や、琉球経由で入る清国の品物を「唐もの」といっていたので。その実、舶来品屋のことだった。日本橋付近では、「牛肉」と書いた暖簾《のれん》や旗が気になったものだ。「ご養生牛肉」などと書いてあったりし、そういえば「牛肉を食うことが文明開化」などと聞いていたものだったので。「牛乳」、「乾酪〜チーズ」、「乳油〜バター」、「乳粉」などと書いたのれんの数々。例によって朝賢は、それらを一々書き留めることを忘れなかった。文明開化の京の町では、すでに西洋流に「外食をする」ことが、流行っていたという。

東京人の服装、髪型

中でも朝賢の目を引いたのが東京人の服装だった。「散髪脱刀勝手たるべき」旨の太政官布告が出、僧侶も「仏事法要の他、洋服着用勝手たるべき」旨のお許しが出ていることや、「府下四民を合して七分半髪、三分斬髪なり」など、伊地知貞馨殿の雑談などで朝賢はおぼえていたが、半髪が目立って多かった。半髪に割羽織。帯刀して袴を着ている人も大勢。半髪で駕籠をかついだり、人力車を引いている者、半髪洋服に何と下駄を履いている。いやそれどころか、洋服の上に羽織を着て、草履をはいている……。ここで「半髪」というのは、月代《さかやき》を剃って小鬢《こびん》を残した髪型のことで、その月代を剃るところなど、朝賢には、いまだ昔の未練が残っているのか、とも思えた。

もっとも朝賢ら、一行の者みな琉球の丁髷《ちょんまげ》、かたかしら、を結ったままだったので、開化の国東京人から見れば、いかにも珍奇に見え、どこの未開の国からやってきたのか、と思ったに違いない。堀江殿は「惣髪《そうはつ》」について説明していたが、それによると月代を伸ばして髪を後ろに下げた髪型で、若者に多いとか。ジャン切りは、髪を短く刈り上げたもので、官員や商人に多く見られるという。髪型でふと朝賢が思い出すのは、その頃の流行歌《はやりうた》、

半髪頭を叩いてみれば、因循姑息《いんじゅんこそく》の音がする
　惣髪頭を叩いてみれば、王政復古の音がする
　　ジャン切り頭を叩いてみれば、文明開化の音がする

で、当時の世相の一端をいかにもよく歌ったものだ、と一瞬、感慨に耽ったもの。東京人の様々な出で立ち、その服装のバラつきは、御維新の日の浅さを物語るもの、とも。

一行は、浅草にも立ち寄った。浅草寺《せんそうじ》は山号を金龍寺というらしく、この浅草、日本橋からは一里ほどのところにしては、朝賢思うに、あの日本橋の喧騒《けんそう》に比べ周囲は田んぼだらけ、いたって閑散としていた。浅草寺のご本尊が観世菩薩と聞いて、一行の者には、琉球でも御観音《うくわんぬん》として深く信仰しているゆえに、旅の平穏を引き続きお守りいただきたく、深々と祈りを捧げた。浅草寺境内の大銀杏《いちょう》の木の下あたりに、四、五軒、軒を並べて菜飯屋《なめしや》があり、堀江殿の勧めで一行、ものは試し、と食したのだった。暖かいご飯の上に菜を塩で揉んで載せてあるだけのいたって簡素な代物だったが、菜の香りがして風味の富んだものだった。菜飯と一緒に出されたのが田楽《でんがく》。茶店風のその菜飯屋、万年屋といっていた。

本堂裏一帯は奥山として知られるが、そこの、とある植木屋に立ち寄った際、渡辺少記買い上げの梅の木の鉢植えが伊江王子に贈られた。琉球には梅の木は珍しく、まだ花をつけてはいなかったが、伊江王子大層お喜びのようだった。

「梅の木」を伊江別邸に移植

ところで、その伊江王子、東都での大任を果たして帰郷後、明治八年（一八七六）には、病の故をもって摂政職を辞任するのだが、特に登城出仕の無い日には、静かに石嶺の別邸で過ごすことが多かった。そのようなある日、王子は、五男の幼い朝常を伴って、石嶺の伊江別邸に遊び、東京から持ち帰った、その鉢植えの梅を庭の築山に移植させた。傍《かたわら》の朝常を引き寄せ、次のように得々と言い聞かせるのだった、「この梅の木が育つ頃には、お前も一人前の大人になっていることだろう。その頃にはもう大和世《やまとうゆー》……」。幼い朝常には、父君の語って聞かせる言葉の意味が分かろうはずも無い。後年、朝常は、身内の者に次のように語っている。「あの頃の父は、子供心にも大変疲れた様子だった。その頃は、確かまだ五十五歳ほどであった筈だが、ひどく年寄りに見えた。よく目が霞《かす》む、と言っていた。当時私は、八歳だったが、父は、お前の誕生日は、正月二十八日だ。来年の誕生日には、元服せねばならぬ、と口にしていた。大和世になる前に、琉球王国の古式に則《のっと》る元服式を挙げさせる。と、そういう意味だったのか、と、朝常は物心ついて感じ入った」と。その朝常については、次のようなエピソードが伝えられている。晩年、朝常はお伴の者に三味線を持たせて、石嶺の別邸にでかけた。それは、父、伊江王子が鉢から移させた梅が大きく育ち、花咲く頃と決まっていた。そこで、静かに三味線を弾き、静かに父君を偲んでいた、という。

その伊江王子、しっかりと大和世を見つめて、明治二十九年（一八九六）に死去、享年七十九歳だった。

今なお、往時の面影を留める伊江別邸

さて、ここで話を突如、その伊江王子の死去より、百二十年後の現代、平成二十八年（二〇

昔の面影を伝える伊江別邸

庭園の石橋と池

庭園の一角にある中山正使伊江王子尚健の歌碑。直系の子孫伊江朝雄氏の著書の「風清く、雲静かに、山高く、水長し」の典拠となったのがこの歌碑

別邸を囲む石垣

別邸の一角

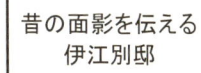

伊江朝雄氏の洋子夫人お気に入りの茶室「楽有亭」

古色蒼然とした
風情を留める別
邸の一角

尚家の墓

一六）にまで引き戻さねばならない。

かつて、伊江王子やその令息、朝常が遊んだという、その別邸が今日なお、昔日の面影を残したまま残存することを知っている筆者の私は、いつの日か、その別邸をこの目で確かめておきたい、との希望を温め続けていた。私の、その夢が実現したのは、その平成二十六年の十二月二十四日、久方ぶりの故郷那覇帰省中のことだった。クリスマスを翌日に控えた那覇の街は、相変わらず喧騒に満ちていた。幸い朝から好天気、今日こそは、とタクシーで首里に向かった。まずは手はじめに長年の念願であった首里の「尚家の墓」を訪れ、静かに手を合わせた。それから、これもまた、ぜひこの際、史書などで幾度となく聞いていた「弁ガ岳」をもこの目で、との思いでかけつけると、左手のかなり大きな御獄《うたき》では、年老いた着物姿のご婦人、それにそのお孫さんなのだろうか、若い娘さんらしい方と二人して手を合わせている姿があった。その右手から、山頂に向かって伸びる細い道をゆっくりと登っていったが、特に行き交う人の姿などなく、急に「ハブ」にでも飛び出されても困る、と急ぎ回れ右で駆け降りた。

その後、首里石嶺の御殿山自治会の会長さんと落合い、待ちに待った「旧伊江別邸」へ案内していただいた。首里でもひときわ小高い丘陵へゆっくり足を進めるうちにも、別邸らしい静かな佇まいが現れた。敷地の下り坂に面して高い石垣が積まれ、今やこの辺りまでコンクリート造りの住宅の迫る一角、しかし、そのような庶民の宅地とは、はっきりと区別されている様子がうかがえる。通常、一般の人には立ち入り御免で、正門辺りからぐるりと特別な柵で囲まれている。別邸の管理を任されているという自治会長さんが、鍵を取り出して正門の傍《かたわら》の出入り口の錠前をはずして、中に入れてくれた。正門からわずかに十数歩ほど奥へ進むと何たることだろう、それまで想像していた通りの古いユカッチュ（首里士族）の佇まいが姿を現わしたのだった。玄関前には、ソテツの青々とした茂み、裏手へ回るとこれも外側からだけど、茶室の跡だったらしいのが目に入る。その昔、ユカッチュらが競って造園したと聞く庭園の中を走る石橋、その下の池などが、ほぼ昔日を忍ばせる形で残っている。そのささやかな石橋の奥のこんもりとした裏山らしい跡地には、幾つもの古びた碑石が残っている。その一つ、古色を帯びた、かなりの大きさなのに「戦車隊本部」と刻まれていて、戦時中、この別邸が、日本軍戦車隊の「隠れ家」だったことが分かる。米軍の徹底的な艦砲射撃で壊滅した首里城からは、それほど離れたところでもないこの辺り、幸いにして戦火を免れたのでもあろうか。今の所、「空き家」同然のままらしいが、何でもこの別邸の最後の主が、伊江家何代目かの伊江朝雄参議院議員だったという。御殿山自治会長さんの話では、典型的な木造平屋造りのその別邸、戦後幾たびか修復の手が加えられたものの、庭を含む佇まい全体が、ほぼ昔のまま残されているとのこと。その時カメラに収めた、幾枚かの写真がそのことを証してくれよう。何でも、平成三十三年（とその時は、うかがったものの、新元号「令和」の二年目頃になろうか）頃には取り壊され、復元される予定だと聞く。壊される前に、今あるままの様子に接することができ、幸いに思う。

ちなみに、先ほど、裏手に茶室らしいのが見られる、と記したが、その「楽市亭」と呼ばれていた茶室がお気に入りだったという方が、伊江朝雄夫人、洋子さん。東京住まいの、その伊江夫人に早速電話し、今しがた石嶺の別邸跡を一巡してきたことをお伝えした。あれから、また数年が過ぎてしまったが、その洋子夫人、いささか弱々しいお声ながら、まだまだお元気な様子だった。

何れにしても、前々から気になっていた首里巡りを無事終えられたのも、思えば、まず真っ先に巨大な亀甲墓「尚家の墓」にお参りしておいたからなのに違いない、いや「旧都、首里」は、いかにも霊験あらたか、やはり「神が宿る」との思いを新たにした一日だった。

明治は、「治明」（おさまるめい）！

さて、突如、時空を越え、首里の旧伊江別邸へと話が飛んだが、急ぎ、いまだ江戸の風情をここかしこに残す新都、東京へと舞い戻らねば……。

浅草、新橋、日本橋界隈の散策を終えた伊江琉使一行が宿へ戻ると、堀江殿が「先ほど、浅草への散策の折り、道行く者の服装を珍しそうにご覧になっていましたので……」と言いながら、一片の新聞広告欄を差し出した。その広告欄には次のように記されていた。「奇なり、妙なり世間の洋服。頭に普魯士《プロシア》の帽子、足には仏蘭西の沓《くつ》、筒袖は英吉利《イギリス》海軍の」装い、股引《ももひき》は、アメリカ海軍の礼服、あたかも日本人の台に西洋諸国、はぎわけの鍍金《めっき》せるごとし」と。早速、朝賢は「装いのことは、琉球で土産話になる」と例によって写し取った。その広告に目をやりながら、堀江少録、「私ども官員は、追い追いとザンギリ髪、着る物は洋服か、羽織袴の出で立ち、皆様の御接待役、皆そうでございましょう？　文明開化、それはザンギリ頭と洋服から、と申しますから。猫も杓子も物真似でございます。男子の洋服姿を洋装と申しますが、この節、婦人の洋装は何と、女唐服《めとうふく》と申しますので、毛唐に対して女唐というわけで」と言ってお笑いになっていた。もっとも「なかなか頑固のお方も大勢おられ、夷狄《いてき》の真似をするとはもっての外、昔の幕府時代がよかった、とそう申されるのは、旧幕の禄持ちで、今は職のない人たちが多ございます。その人たちの中には、上からは明治だなどというけれど『治明』(おさまるめい)と下から読む、などと皮肉る連中もおります」と、これまた堀江少録。

朝賢、後年目を閉じると、あの毛利邸で過ごした日々のことが走馬灯のように目前に浮かぶのだった。

「藩王御請け」は、やむを得ぬことか

その日、宿に帰ったのが六時過ぎ、三使、夕食後、掌翰使の山里親雲上を呼び寄せ、協議をされた。奈良原幸五郎殿や伊地知貞馨殿の言われる「宇内の形勢一変、追々朝廷においては旧制を改めて行かれる趣」が、このたびの琉球藩の御指定であったのか。たとえ藩にご指定になっても、国王が御安泰であれば、宮本大丞が今朝言われたように、その保障があれば、廟議の方針を今となって、いくら嘆願しても叶わぬことであろう、今後とも、後々のことは、機に応じて政府にその都度陳情していくとしても、『王御請け』は誠にやむを得ぬことではないか。予め知らされておれば、王府の御評定の方針も国王の御存念も承り、我等としても心構えができたものを……。思いがけないことであった。ここに至っては、我等がそのすべての責を負う

ことにして、国王の御安泰だけは、取り付けておかねば。『藩王御請け』の案文については、山里親雲上に吟味を願う」。ということで打ち合わせが整い、それぞれ床につかれたのが十時を回ってからだった。朝賢は「これから先の琉球の行く末を思われて、三使、それぞれに御悩みのことであろう」としている。

太政大臣三條實美ら新政府重鎮との交流

九月六日以後、数日は、太政大臣三條公との会見、延遼館における饗応、外務卿副島種臣の来訪、浅草での像影、写真撮影、大隈重信、板垣遼賛議らとの交流が続いた。

第4章

初めて明かされる「島津斉彬の極秘プラン」の内実

薩摩藩主、斉彬の密命を帯びる「市来正右衛門広貫」

ここで、しばらく伊江王子、喜舎場朝賢ら琉使一行による初の明治天皇拝謁を語る前に、彼らの在京時より十五年前ほど遡《さかのぼ》って歴史の軌跡をたどってみるとしよう。

時は、安政四年（一八五七）、場所は、薩摩から琉球へ向かう琉球の官船、楷船《けーしん》。船中の人物、ここでの主要人物二人のうちのおひと方が薩摩藩士、徒目付《かちめつけ》の市来正右衛門《いちきまさえもん》、時の感覚でいえば、壮年期の二十九歳。いま、おひと方が琉球王府の恩河親方。先に、琉球国にとっての「御国元」、薩摩の藩主、太守様または太守公として知られる島津斉彬が、この年、参勤が明けての御国入りの折に、琉球王府から問礼の使者として薩摩入りしたのち、琉球への帰国船、楷船に乗船した恩河親方は、市来正右衛門より十歳ほど年上で四十近い。薩摩の港、前之浜で正右衛門が恩河親方や乗船使の松嶋親方らに迎えられて乗船してきたのは十月二日の朝だった。この瞬間が、その後、南の琉球王国の命運をも左右しかねない一大事件の始まりだった。この時より、いずれは爆発しかねない重苦しい火山の地響きが始まった、とするのが、より適切だとも言えよう。

藩主斉彬の御国入り直後に、恩河親方には藩主、太守様から直々に薩摩の磯御殿へ参上するようにとのお声が掛かった。磯御殿で、太守様を待つのは、薩摩の家老駿河殿に薩摩琉球館在番摩文仁按司親方を従えた恩河親方。太守様が恩河親方に目を向けながらお話しになったのは大要次の次第だった。「自分がいまだ世子の頃、『対外処置委任』の幕命を受けて帰藩するや、琉球の運天港に商館を建て、琉球の名義で仏国と貿易することを決め、貿易の資金として一万

島津斉彬

両ないし二万両を薩摩が用立てる、という計画の大要が時の在番奉行、倉山作大夫殿を通じて琉球側に伝えられた際、時の摂政浦添王子や三司官、国吉親方らの反対に会い、それ以前、運天港の測量、開港準備の大任を負って琉球に送られた特使、新納四郎右衛門殿、異国方、野元一郎、用達、谷本一郎殿らの任務が頓挫した。弘化年間のことであった」。そのような太守様の話の背景には、当時の薩摩藩内の事情が作用していたのだった。すなわち、藩主斉興《なりおき》の配下として権勢を誇っていた国老、調所《ずしょ》笑左衛門、同じく島津豊後《ぶんご》、碇山将曹《いかりやましょうそう》、側役、吉利仲《よしとしなか》らによって、藩政が牛耳られていたこともあり、斉彬公の意図を無理押しできずに沙汰止みとなった。しかし、安政元年の頃には、すでに斉彬公が藩主になられて三年もの年月が経っていて、突如国内を動乱の渦に巻き込んだ、かのペリー提督の圧力に屈した幕府は、米国との間に「日米和親条約」の締結を余儀なくされていた。斉彬公が早くから、「いずれ、遠からず我が国も開国、開港お開きになるらん」としていたことが現実のこととなり始めていた。そして、引き続き安政元年（一八五四）、琉球国においても「琉米修好条約」が結ばれ、斉彬公、その二ヶ月後の九月には、またもや、琉球国に次のような「密命」を発したのだった。

まず第一に、蒸気船一艘、至急琉球の名義をもって購入されたし、さしあたり、アメリカなどを購入先と考えても可なり。第二に、従来、異国人へ支給した物品は、代価を受け取らざる慣例の所、今後は、伊豆、下田などの例に倣い、二倍三倍の代償を受け取るべきこと。第三、貿易品は、琉球産ではなく、上方、日本産にしては如何。以上の密命に接した王府の摂政大里王子、三司官座間味親方、池城親方、幸池親方は、事のあまりにも急な事に驚き恐れ、なかんずくそのような御国元よりの要請は、清国へ進貢の妨げになるなどの理由をあげて、陳情相努めてこれを断ったのだった。

斉彬公の慧眼……

ここで、注目しておきたいこと、それは、幕府側と違って、早くも日本の将来を見通した上での改革という慧眼《けいがん》を有した斉彬の密命がすべて己れの信ずる日本国の将来への展望という強い信念に基づく行為だったということである。そして、その信念を貫くには、自ずから当時の幕府の施政とは相入れぬことを重々承知の上での危険を伴うものでもあった。従ってその行動には必然的に「極秘裏」に進めねばならぬという側面が存した。そして、仮にも（それは、大きな括弧つきの『仮にも』だが……）その行動が成功していたとすれば、明治維新以前に薩摩を中心に大改革がおこなわれていたであろう、ということである。そのことは、特に次に述べる斉彬の「三度目の正直」の企てについていえるであろう。その斉彬の最後の企て、彼の心中には、薩摩と琉球国を中心とした新たな日本国の姿が描かれていたはず。「歴史の神」、というものが存在するのかどうかは、ともかく、斉彬の身の上に降りかかる不運は、そのような神の仕業ということ以外に解しようがあったであろうか……。

斉彬後公には「三度目の正直」

なかでも、強く抵抗したのは、座喜味親方だった。こうして、貿易を開こうとする斉彬公の雄大な意図は、二度にわたって王府の抵抗に遭遇して水泡に帰した。そうこうするうちにも、安政二年（一八五五）十月には、仏国と琉球との間に「琉仏和親条約」が締結されるや、米仏両国の船舶が頻繁に那覇港に出入りし、米仏人が大手を振って逗留するに及んでは、斉彬公、「もはや猶予ならず」と意を決して、新たな琉球国へ密命を下すこととなるのだった。

これが、磯御殿へ参上するようにとの藩主斉彬公より恩河親方への指令の趣旨だった。薩摩藩の世子時代、弘化のころの失敗は、ともかく、藩主になられてからの安政期の手違いは、それこそ太守様のご威光に反することで、心証を害しておられたことだろう。

こうして、斉彬公にとって、「三度目の正直」ともいえる、琉球国に対する「密命」、その結末については、今日、大方の読者には、すでに明白な史実として理解されている。

ただ、その密命の内実、背景の詳細については、専門家の間ですら、いまだ漠然とした形でしか伝えられていないのでは、としても過言ではない。その詳細、背景に迫らんとの趣意で以下、筆者の思うところを追ってみよう。朝賢の知り得た「史伝」に助けられながら。

市来正右衛門の経歴～「蒸気船を建造せよ」との藩主命

薩摩の前之浜で待つ恩河親方の前に姿を現わした市来正右衛門、藩主斉彬からは、別個に「密命」の趣旨について、話を窺っており、特に琉球王府側への対応については、「かつての弘化、安政の頃のような手ぬかりがあってはならぬ」、との斉彬自らの強い意志が伝えられていた。

ここで、藩主斉彬と市来正右衛門とのただならぬ関係について見ておこう。太守様が少将様といわれていまだ御世子のご身分ながら、先にも触れた「対外処置委任」の幕命を受けて帰藩された弘化三年の秋、早くも中村騎射場に「製薬館」を設置された。その時、市来は選ばれて「御製薬掛見習」として化学を学び始めた。いまだ十九歳の青二才の頃だった。それから十年の歳月が流れたのであったが、その間にも、反射炉と溶鉱炉を作って大砲を鋳造せよ、との御下命にも参画、西洋訳書を手掛りに進めるその企画は大変な苦労を伴った。何度か失敗を繰り返すうちにも太守様の檄《げき》がが飛んだ。「西洋人も人なり、薩摩人も人なり、不撓不屈《ふとうふくつ》の精神をもってその業を完成せよ」と。はじめ、一斤ほどの小型大砲から、二十四斤ほどの大砲を完成させるまで、五年の歳月を要した。つい昨年、安政三年の春だった。開けて今年、安政四年の夏には、八十斤はおろか、百五斤の巨砲まで鋳造し得るまでになった。その数、数十門という大砲が前之浜などの要所要所の砲台に備えられ「これで御国も安泰」と、涙を流して喜んだものだった。その前之浜の砲台を見ながらの、琉球の楷船による船出、何と奇しき因縁であろう、と市来は感無量だった。

その大砲事業の総責任者は、家老の新納駿河久仰殿、少納戸役の江夏十郎などが補佐にあたっていた。「太守様、いともご機嫌麗しく、極めてご満足の体……」と、激励の伝達があった。

市来は、その御家老、駿河殿と江夏殿が、この度の渡海にあたっての御密命を大守様から承った席に自分が同席するとの栄誉にあずかるとは、いよいよもって、深き縁、との思いでいた。

思えば、その年を遡る嘉永六年（一八五三）三月頃、あたかも大守様、かのペリー提督の黒船来航を三ヶ月後に控えたころから、宇宿彦右衛門殿の指導で、磯別邸、竜洞院前の浜辺での「蒸気船の雛形を造れ」との御下命に、市来は「蒸気大船製造掛」として参画したのだった。仲間の中原猶助《なおすけ》、浜田平右衛門らと安政元年（一八五四）の春三月には、西洋型の帆前船、三本の帆柱をもつ「伊呂波丸」が竣工、続く四月には、琉球大砲船も竣工し、進水を終えていたが、西洋型蒸気船の建造は、このとき、安政元年の夏が初めてだのことだった。その蒸気船は、全長十一間三尺余、船体には、銅、鉄が用いられた。しかし、わずかに五馬力、西洋蒸気船には比すべくもなかった。その企画もまた例によって、洋学者の石川確太郎や井上庄太郎の訳書が頼りであったが、金元師、器械師、船大工ら薩摩人が、薩摩で仕上げた、はじめての西洋型蒸気船だった。それが、桜島を背景に、波静かな錦江湾《きんこうわん》に浮かんだときは、市来、さすがに感涙を禁じ得なかった。たまたま、大守様は、参府で薩摩を留守中だったが、「西洋人も人、薩摩人も人なり」と仰せられていた太守様のお言葉通りに仕上げた我々の努力を賞賛されたに違いなかった。試運転に乗り組んだ見聞役の清水源兵衛殿、下目付の郡山一介殿が蒸気機関の始動と同時に発した大きな音に驚愕していた姿、船奉行の橋口杢左衛門、奉行の折田八郎兵衛両人が船縁に立たれて扇子を広げ、「でかした、でかした」と慶喜乱舞、浜辺でこれを見ておられた家老の駿河殿が微笑んでおられた様子を市来は思い出していた。

そういえば、浜では、また薩摩琉球館の在番、垣花親方が琉球館聞役の新納真助の案内でこの一部始終を見ていて、感嘆されているご様子だった。

藩主斉彬、直々に市来に「琉球渡海の密命」

太守様から、「一国の安危に関わる」と仰せられた琉球王府への重大なこの度の御密命、それを承って渡海するこの身、思えば、破格のお取り立てに与ったもの。聞けば、若干二十九歳の自分が修得した知識と技量とを見込んで、お側役の山田壮右衛門殿や宇宿彦右衛門殿が推挙してくださったとか。また、琉球へ渡海の内命が下った折り、御側役の名越彦太夫殿から「太守様からのお下しもの……」として身にあまる大金、金子百両が手渡された時、名越殿は「お主《ぬし》の今日までの働きを殊勝なことと賞《め》でられ、なおまた、この度の御内命の趣、誠にご苦労。存分に果たすべく、琉球での諸入費としてこの金子は、在番の者共との一々の相談には及ばぬ。その方の一手一存に委せるとの思し召しである。有難くお受けして主命を完うせよ」と。同時に「そうそう、金子の一部は、その方の留守居を預かる妻女の暮らし向きに充てることも勝手たるべきこと、との思し召しであった。肝に銘じて励めよ」とのことだった。このような、身にあまる主君の恩情に、市来は、一層の覚悟を新たにしたのだった。翌日、御礼言上に、二の丸に参上した市来は、「この身、この先、いずれとも定かならず。専ら一身を主命に捧げる覚悟ぞ。万一不帰の際は、達者に暮らせ」と、妻の縫《ぬい》にそう申し伝え、お下げ渡し金子のうち、金子五両を与えておいた次第を名越殿に報告している。

市来、いよいよ恩河親方と「密議」

鹿児島錦江湾内の前之浜を出た琉球楷船が山川港に入ったのは昼過ぎだった。ここでもまた、前之浜同様、「船改め」、船内の調査、があるという。津口番所の五人番と琉球産物方出張会所の役人が伝馬船を漕ぎ寄せてきた。

「船改め」には、この度もまた、かなりの時間を要するらしく、市来は、恩河親方を伴って、船橋を深く降りて船客部屋へと足を運んだ。思えば、市来が恩河親方に初めて会ったのは、九月の半ば過ぎ、お側役の山田壮右衛門のお屋敷であった。いずれは、相ともに働く二人への肝いりの夕餉《ゆうげ》の席だった。堅苦しい話は一切控えての談笑に終始した。壮右衛門殿が「山川港の利永《としなが》という部落に『琉球人傘踊り……じゅくしん踊り』と称される踊りがあるそうだが、ご存知か？」と聞かれ、恩河親方は、ハテ、と首をかしげていた。「いや、なかなか珍しい踊りのようで」と、山田壮右衛門殿の語る話は、こうだった。

慶長の昔、薩摩が琉球へ攻め入り、琉球の降伏後、琉球国王から薩摩の殿様に初めて貢ぎ物を届けてきた使節の面々が、再び生きては帰れまい、と観念していたのに、思いがけなくも寛大な数々のもてなしを受け、無事に帰国することができた。帰国の際に立ち寄った山川港の船上で、無事に帰国できる、その感謝と喜びとをこめて踊ったのを、利永部落の者らが真似て今日まで伝えられたものだという。袖口の広い絣の着物を着て、藁草履をはいた二才《ニーセー》連が紺の長い八巻の裾を引き、赤と黄色の帯を垂らして、赤い襷《たすき》を締め、蛇の目傘を持って踊るものだそうで、はじめのうちは、物悲しい鳴り物で踊り、だんだん陽気になっていく踊りだという。

「はじめて承けたまわるお話ですが、いつか御上国なさる役々にも申し伝え、見させてあげたいものでございます」と、恩河親方は、感慨深げだった。

その山川港の船中で、恩河親方との密議が始まらんとしている。壮右衛門殿がわざわざその話をされたのは、別に他意あってのことではなかろう。単に恩河親方の気を引くためでもあったろう。だが、恩河親方には、あるいは何かの暗示、と受け止められたとも思われる。市来は、恩河親方の心中をそう推し測っていた。最初のうち、恩河親方の表情には、かすかな緊張の色がうかがえた。いや、あるいは、緊張というよりは、自分を警戒していたのだろうとも思われる。目を伏せて考え込むような苦悩の色さえ浮かべていた。だが今は、共通の目的に向かって手を携えて行かねばならない同志である。

薩摩藩主、太守様の斉彬が、この年、参勤が明けての御国入りの折りに、琉球王府からの問礼の使者として薩摩入りし、思いがけなくもその藩主から直々に重大な秘密を打ち明けられ、大きな荷を背負わされて帰任の途につく四十に近い恩河親方。一方の市来、「如何にしても御内命の趣を王府に確《しか》と伝え、首尾よく運ぶは、すべて我ら二人の肩にかかる次第となった。「そうでござるな、恩河どの」と。思えば、覆っかぶせるような口調であったかも知れない。確かに顧みて気負っていた、と、市来自身も思う。そのような様子の市来に対して、恩河親方「左様……御内命のことは、山田壮右衛門殿の御指示によって、王府の摂政、三司官方へは、『いまだ御内諭のことながら』として、おおよそのことは既に別便の密書を以って琉球へは報告いたしておきましたものの、王府の御評定所衆は、晴天の霹靂《へきれき》と受けとめるほどの大事でございますれば……」と、恩河親方は、そこまで言って、頭《こうべ》を垂れ、後は聞き取れないほど口ごもっていた。市来は、恩河親方の苦渋の色の裏に、王府内での抵抗、それが主として清国に対する思惑の強さであろうことを見てとっていた。

恩河親方との密議の中で、ことの運びの手立て、特に難色を示す者への説諭の仕方、場合によってはその者を排除する。協力してくれる者をどうやって選ぶか、これらのことを十分事前に恩河親方と打ち合わせておかねばならぬ。そして、市来は次のように続ける。「恩河殿の言われる通り、確かにこの度のことは、なかなかの難事。遠くには、弘化三年のこと、近くは安政元年のこともござるし。だが、難事になるかならぬかは、要は王府の御評定、その取り組み次第ではござるまいか。御評定に当たって、頑固に難色を示す者ありとせば、まず以ってそれは、三司官の座喜味親方と、それに与《くみ》する与那原親方をはじめとする御一党ではござるまいか。先の安政元年のこともあり、その折りの三司官座喜味親方もこのたびの御評定に列せられるとあっては、いよいよ以って難儀に相成りまするナ」として、恩河親方の反応を待つのであったが、その親方は、目を臥せるだけで、答えなかった。市来にしても、いくら琉球に対する薩摩の威力が大きくても、納得が得られなければ上手くいかない、と過去の経緯から十二分に承知しているはず。市来のそのような理解には、先に次のような経緯を家老の駿河殿から承っていることなどもあった。すなわち「夷情見聞のため……」との名目で、園田仁右衛門と大久保八太郎の両人が琉球に送り込まれていて、座喜味親方らの異国人との外交折衝の場に両人が琉球装束に身を固め、琉球側の役人になりすまして同席、交渉の一部始終について情報を得ているのも、薩摩側の、思慮に思慮を重ねた上でのこと、だということを。それだけではなかった。「三司官共の善悪、船ごとに申し遣わすべく候」と、琉球在番奉行の谷川次郎兵衛久武らに密命を下し、薩摩方への協力者と非協力者の振り分けも密かに実行に移されていたのだった。

座喜味親方弾劾の気配

恩河親方が、先に磯御殿において、太守様から密命を受けた、その中には実は、座喜味親方の件についても申し渡されているはず。市来は、それを承知していた。しかし、恩河親方は、それを知ってか知らずか、市来にはあえてそのことについては黙したままだった。太守様は、座喜味親方について「同人、政事向自儘《じまま》取り扱い、人気も離れ、私欲を専らにする聞こえあり。また外国人の取り扱いも種々取り繕い届出なども有り。さらに佞媚《ねいび》の徒を集め、論難する者あれば、排斥する等の事少なからず……」と、座喜味親方に極めて不信の念をもたれていることを恩河親方に話され、王府の政治を与える重職の中に、異国の船が頻繁に出入りし、条約まで結ぶ内外多事のこの際、対立しあう混乱があることは、もっての他のこと。として、王府内の対立混乱を是正することを大義名分として掲げ、混乱の原因は専ら座喜味親方にある、と太守様は決めつけられた、と、これも家老の駿河殿が市来に申された。その上「しかしながら、中山王への功労もあるらん。功と罪とを比較するときは、その功、果たして多からん。免役は罪なるゆえ、退役相願わせ、老後を楽しましむべし」と、いささか憐憫《れんびん》の情も付け加えて自発的に引退させるよう仕組むことを、市来は申し渡されている。

一徹者、座喜味親方への想いを忘れぬ恩河親方

太守様のこのようなご指示に、恩河親方も、また年頭使として上国し、そのまま薩摩の琉球館在番を勤めている摩文仁親方も、これは、「三司官を免職せよ、という命令にも近い隠居の強要」と受け取り、苦渋の色を隠せなかった。

恩河親方の胸の内を去来するものがあった。「座喜味親方は、確かに実直な方だが、いささか頑固が過ぎて、自説をなかなか譲られぬお人。だがそれは、一途に王府の安泰、琉球に良かれと願うがゆえのことで、ひたむきに『ご体面を守り、ご規則に逆らわない』という立場からは、筋を通してきたお方なのだ」。しかも「大和のご奉公、唐の御取持《うといむち》」の考えに徹する王府としてはやむを得ぬことで、すべて、その通りに事は運ばれてきたし、王府の重役方にも支持を得てきた。

とはいえ、この新たな時代の動き、異国船が頻繁に来航するようになってからは、とかく、旧来の殻を抜けきれない王府の取り組みには、手詰まりと動揺がみられ、しばしば、混乱が起きていることも事実。そのため、座喜味親方への支持が、揺らぎ始めている気配さえ、ままあった。太守様は、そのあたりの事情をとくと承知しておられ、今、そのような状況を糾弾《きゅうだん》しておられるのだ。「開明の君主であられる太守様のお気に召さない道理は、確かに座喜味親方にはある」と恩河親方は、公平な判断をしつつも「座喜味親方を糾弾する事態がここまで進んでいる」とは思ってもいなかった。そして、恩河親方にとって、いささかなりとも救いとなったのが「中山王へは、功労も多からん」として、座喜味親方が、弘化三年以来、英宣教医ベッテ

ルハイム一家の那覇逗留をめぐる複雑な事情の処理、そして、米国提督ペリー来航以来の極めて困難な事態に対応してきた十二年にわたる三司官としての功を認められたことだった。

「琉装、琉人の名に徹すべし」

「さて、恩河殿、拙者のこの総髪、訝《いぶか》しく思われたことであろうナ」。重苦しい雰囲気を変えねば、と市来正右衛門、そう言って話題を変えた。市来が恩河親方と同じような髪型にしたのには、つぎのような事情があった。すなわち、太守様のお側役の江夏十郎から「琉球渡海の上は、琉球人の容姿に変ずべし」との御内命があったことを伝えられたのだった。いずれ、琉球へ到達する前に船中で恩河親方と同じ髪型にすべく、髭さえもたくわえて備えていたのだった。その異様な姿に、恩河親方、さすがに苦笑を禁じ得ず、前帯に挟んだ扇子を抜き、扇いでいた。十月はじめだとはいえ、船内には熱気がみなぎっていた。密議がもたれて以来、はじめての何ともいえぬ風情ながら、互いに相好を崩しあった瞬間だった。

それだけではない。市来は事前に、その名前までも琉人らしく変えるようにとの打ち合わせを終えていた。そして、その名は、「伊地良《いちら》親雲上」、しかも、トカラ島の宝島の住民ということにし、見事に変身していた。市来が、恩河親方に半ば冗談半分、半ば真顔で次のように説明した。「この『伊地良』、実は、市来正右衛門の市来をもじったもので、市来の市は、そのまま伊地《いち》、市来の来は、何と音読みの「ライ」、つまり「イチライ」が「イチラ」となる。そう言って市来が声をあげて大笑いしたとき、恩河親方もついつられて声を出して笑った。「さすれば、トカラ島の伊地良親雲上でございますナ」と、恩河親方もようやく寛いできたようだった。

玉川王子に特別な思いを寄せる斉彬公

頃を見はからあって、市来、いや、伊地良は、話を戻し、太守様よりのさらなるご意向のあった次第を告げるのだった。すなわち、「表向きは、摂政三司官方、御評定衆へ諮《はか》るはもとよりのこと、別議の席では、摂政大里王子の弟君である王叔《おうしゅく》の玉川王子を加えることによって名分をたてヨ」とのこと。恩河親方も頷いて、「さような御沙汰を承っておりまする」と。

市来はさらに続ける。「思うに、玉川王子は、太守様のお眼鏡に最もかなった方。嘉永三年の夏、尚泰王御即位の謝恩使として玉川王子が江戸表へ参られた折りに、何でも当時いまだ襲封前の御世子であられた太守様と、芝の三田邸で、ごゆるりと琉球の事情など御話し合いなされた由、承っている」。「また聞きではあるが」、と断りながらも市来は、斉彬と玉川王子との話し合いの中味について、次のように恩河親方に伝えた。すなわち、その玉川王子、先に弘化の始め、仏人フォルカードが、琉球国をフランス国の保護国になるよう、琉球王府へ働きかけ、説得していた、という極めて重大な内容を漏らされた、とか。斉彬も、初めて聞かれたようなご様子だったという。フォルカード曰く、東洋への進出急なる英国が、やがて日本への足がかりとして、まず琉球を狙ってくるであろう。その英国の野望を未然に防ぎ、琉球が今まで通り安泰であり得るためには、フランス国の保護国になることである、と。しかし、王府は、それを断り続けていたという事実がある。また、英人ベッテルハイムの那覇逗留の動静、頻繁に来航する異国船の様子にただならぬ気配を感ずること。さらに、渡唐役人らの伝える清国の政情など、胸襟《きょうきん》を開いてのお話であった、という。実は、玉川王子の心中には、それだけではない、より複雑な事情を抱えていたのだった。それは、玉川王子の徳川将軍家への報告に当たっては「藩主斉興公の御治績よろしきを得て、琉球事情極めて平静……」と申すようにとの、薩摩家老方、それに調所左衛門らの強い御指図があったため、琉球の事情を有りのままに申し上げれば、お国元へご迷惑を及ぼすであろう、と心ならずも、御家老らのご指示に従ったものの、実は、事態はむしろいよいよ深刻、と玉川王子は率直に話された、という。斉彬公は、そのような玉川王子の率直にものを申される勇気とご見識、先見の明をことのほか、褒めておられた、と側近の者が申しておられたらしい。安政二年五月に、太守様ご襲封の慶賀使者として薩摩へ参ったのも玉川王子。「爾来、今日まで、太守様のご存念のうちには、玉川王子がおられる」と市来は考えている。さらに市来は、「その節、太守様から、この度の御内命にあるような御計画についても直々お漏らしあったのでは。玉川王子は、なかなかの御器《おうつわ》と薩摩藩庁での噂」。そのように市来がぽつり、ぽつりと語る様子に、恩河親方は、なるほど、そのような事情もあってのことか、と密かに思い、初めて聞く裏の事情を思い、改めて太い糸で操られている己れの身に思いを致すのだった。

伊江王子御一行のこと

市来は、ここで話題を変え、「玉川王子のほかにも王叔がおられるはずだが」と。「左様で、玉川王子の兄君の伊江王子」との恩河親方の答えに市来は「そうそう、伊江王子一行が、安政元年五月の末ごろ、薩摩へ参られたことを聞き及んでいる」としつつ、次のような経緯に触れるのだった。家慶将軍に代わって、家定将軍になられた御代替わりの慶賀使として、江戸表へ発たれる途次のことのことであったが、その年の三月には『日米和親条約』が結ばれ、国内が動揺、幕府も対応、応接にいとまなく、かつまた、江戸に大地震あり、『公事多事多端』を理由に、結局江戸表への出立がとり止めになった伊江王子、そのまま琉球へ帰帆されている。そのころ、「高島流砲術方掛」を命ぜられていた市来は、その年の七月から長崎においてオランダ軍艦「スピンク号」で汽船運用と製造、砲術の伝習の内命を受け、その準備方々、城内藩庁へ出入りしていて、伊江王子のことを聞き及んでいる。このたび琉球へ一緒に参る木佐貫源助、その時の伝習仲間の一人だった。その波立ち騒ぐ琉球からの御使者一行と聞いて記憶している。その琉球へのこのたびの渡海、まったく思ってもみなかったことだった。

大湾親雲上を参画せしめよ

市来は、話を元に戻し「尚泰王は、いまだ十五歳の若き御身でも、良き王叔方に守られておられる。何よりの事でござるナ。ところで恩河殿、いかなる打ち合わせにも大湾親雲上を参画せしめよ、とのご意向もございましたナ」としながら、胆力器度あり、かつ外情に通暁、これに勝る者なし、と太守様は、いたくお褒めになり、御家老の駿河殿にも申されたとか。「自分は駿河から承った、よほどの御仁と覚えまする」と。

その大湾親雲上、元は板良敷里之子親雲上と称していた。度重なる異国船との対応によくその才を発揮、その功を認められ、薩摩藩庁より金子三拾両を与えられている。その嘉永四年九月に引き続き、四年後の安政に年三月にも「異国船到来毎に難題の応答向き引き受け多年骨折精勤」の故を以って、金子三拾両の賞賜《しょうし》を受けている。

そして、その年の八月には読谷山間切の大湾村地頭職に任ぜられ、大湾親雲上と称するようになったのだった。薩摩による数々の破格の処遇は、さては、この日のための備えであったのかと、恩河親方には、そのように思えて仕方がなかった。だが、琉球王府内の人事に関する厳しい仕来りがあり、玉川王子が参画されることは、王親のお立場の故を以って誰も異論を挟む者はあるまいが、大湾親雲上を廟議に取り上げるというのは、その立場から……と、恩河殿は、率直にその危惧の念を吐露していた。ところが、そのことについても、いち早く太守様側では、対策、いや秘策を講じていたらしいことを知って恩河親方は唖然とした。その秘策の趣意を伝える市来の言葉は、以下の如くであった。「恩河殿、廟議に参画せしめるに当たっては、御評定の『表十五人衆』の一員に加えねばならぬ。実は、そのことについても太守様の遠謀ご深慮のほどを承ってきたのだが、『欠員あるを待って、大湾親雲上を日帳主取《ひちょうぬしどい》に抜擢《ばってき》すべきとの御内意』でござった」。いよいよ、恩河親方の顔色が青ざめてきた。

異例の人事介入

「日帳主取」は、王府の枢要な役職。要職の任免は、摂政、三司官が国王に請うて行われる仕来り。その臣子、身分の級格、定規は極めて厳粛になされる。大湾親雲上のような「平士」格の身分の者は、容易に政務に昇ることはできない。

座喜味親方の一件、はたまた大湾親雲上の扱いと、かってない王府人事への介入である。これまで、御国元の命で王府の役職の任免が行われたことはない。国制、常道を逸して異例の抜擢が行われれば、王府内で反発の起こるのは必至である。そうなると、かえって御内密の実行に支障をきたすであろう。王府の御重役方、さらに、下部組織に多くの役人をかかえる者は、何と受け取るだろうか。「欠員あるを待って」というのは、おそらく「欠員を作って」のことに違いない。恐ろしいことだ。

こともなげに太守様の御内意を伝える市来正右衛門、いとも淡々として「琉球へ到着次第、太守様の御沙汰を在番奉行に伝え、然るべき手を早々に王府に打たせる所存である」という。恩河親方、思うに才覚溢れる太守様が緻密にことを運んできたことであれば、もはやそれは、琉球の在番奉行に密かに伝達され、内々に手が打たれているのではなかろうか。そういえば、思い当たることが多々ある。しかも、王府内で御国元の信頼に応えるであろう人物が、選別され、その配置までが計算されている。御内命を直々に拝命した自分もその一員に組み込まれていることを今更のように思い、恩河親方は、胸を締め付けられる思いだった。自分は、御国元と王府の間に立って、苦しい板挟みになるに違いない。王府内の内部事情を漏らした者として決めつけられることとなろう。しかし、また一途に御国元太守様の御意向に忠実に従うほかはあるまい、と思い直す恩河親方だった。

磯御殿のお茶屋で太守様から直々に御密命を申し渡された時、同席した家老の駿河殿が「何事も腹中相明け、隠さず申し上げることが国王様の御為にもなろう」と言われ、自分は座喜味親方一件についての太守様の御下問に答えてきた。

御内命執行の秘策……

「恩河殿……」、市来の声に恩河親方は、ふと我に返った。「王府の役々へ御内命を伝達いたす段取りにつき」と言いながら、市来は、おそらく御国元で家老の駿河殿や山田壮右衛門殿、在番奉行の高橋縫殿らと十分打ち合わせしてきたであろうことを伝えるのだった。

それは、まず摂政、三司官、しかし、三司官のうち座喜味親方は、問題の人物ゆえ、これを除いて池城親方と小禄親方、いずれこの重大な御密命のことゆえ、十五人衆の吟味にかけられる、さすれば、御内命の通りに、この吟味に大湾親雲上の出番をつくる。従って、十五人衆の吟味の節は、貴殿と大湾親雲上の発言が大きく作用するものと心得てもらいたい。その際、同調する者が何人か必要である。それを誰にするか、それも貴殿と大湾親雲上に考えてもらう。御内命にも別議を度々開いて、側面から御評定の後押しをせよ、とのことであった。この別議に加えて然るべき者は、親方衆の中で他に開明の考え方をお持ちの例えば、津波古親方など、あるいは小禄親方、池城親方にお近づきのかたなど、と早口で述べ、「恩河殿の御存念は、いかがなもの?」と促した。「確かに的を得ている」と、恩河親方は心の中では、そう思った。同時に、例えば、小禄親方と親しい宮平親雲上、松堂親方、兼城親方、美里親方らの名を挙げられないわけではなかったが、ためらった。太守様が「党派の混乱を解消せよ」と申された派閥、対立は、確かに王府内にはあった。しかし、それを解消せよと申されたのは、座間味親方を排除されるための名分に使われたものであったにしても、今、御密命を実行するにあたり、王府内に再び協力者党と非協力者党と府中両立せしめるようなことに相成る人別、今自分がそれをすることに、何とも言えぬ苛立ちを覚える恩河親方だった。

ことの運びは、要路の方々に、一々諄々と説いていってこそ、うまく運ばれるのではないか……とはいえ、また王府の御政道が行き詰まっていることに、口にこそ出さないが、要路の方々は、皆それなりに感じ取っておられる。時世は、変わりつつあるのだ。「清国御取持ち」のみに御政道が傾いてはならない。あのペリー提督の来航以来、異国の強大さを見た者は、ようやくそれに気づき始めているのではないか。要路の方々も、この度の太守様の御内命を尊重することが、ひいては「国王様の御為……」と納得される方々もおられるのでは、などと、恩河親方は、思い巡らすのだった。

先ほどから名の上がっている玉川王子については、王親でもあり誰も異存はない。そこで豊見城按司を加えては、と言いながら恩河親方は、その豊見城按司が御国元薩摩へは度々御上国なさっている御力量、さらに当世随一といわれる歌人であり、学者でもある八田知紀《はったとものり》殿はじめ、御国元で多くの知己を得られ、御交際も深く、御見識の広い方と、強く推薦の意を表した。市来殿が申されていた津波古親方は、確かに琉球では開明、当代随一、しかし、今、御書院当《ぐすいんあたい》のお役目、近々国王様の侍講官《じこうかん》を兼ねられる、と言われ御政道への直接の御掛合いは如何か……

と、御本人も御遠慮されることでしょう、との私見を伝えた。

恩河親方の言に耳を傾ける市来は、一々もっともなことだと思った。そして、「ところで、小禄親方はどのような御仁で……」との問いに、「いたって豪放磊落《らいらく》なお方、酒豪ぶりは有名で、よく御邸に客寄せされて歓を尽くされるとか。お父上の小禄良恭《りょうきょう》殿も長年三司官のお勤め、あの弘化の頃、夷人どもが逗留いたしておりました頃の三司官。ところで、あの大湾親雲上が、まだ板良敷親雲上といって、夷人共の応接に当たっていた御役目柄、よく御邸にも出入りいたし、今の小禄殿とも、その時以来の昵懇《じっこん》の仲……」との言葉に「なるほど、なるほど」と頷く市来、小禄親方が頑固一徹な座喜味親方とは異なり、頼りになる人物のように思われた。

人脈、血統を同じくする「門中」

そのような市来の様子を確かめておいて恩河親方は、次のような琉球王府内では、いかに人脈、血統で御縁が繋がっているか、その様子を是非ともご理解いただかなければ、と思い、話を続けるのだった。すなわち、その小禄親方の姉君が、豊見城按司に嫁いでおられ、妹君が、玉川王子の令室、というように、琉球では御大名方は網の目のように御縁が繋がっていること で、「この度の御内命の御打合せは、奇しくも小禄親方殿の御親戚、御一党となるわけでして……」といい、一息ついた恩河親方、「これも、ご参考までに、座喜味親方……」と申されると、市来の目が一瞬輝いた。「座喜味親方が、伊江王子の御嫡男、大城按司の成人式の『烏帽子親《えぼしおや》』を勤められたのでございます。御縁はまことに妙なもの。その大城按司が小禄親方の次女を嫁にとられたのが、この年、安政四年九月だったとかで、この度私が上国いたす頃、そのようなお噂がありました。小禄親方のお住いが伊江王子のお住いのお隣りで、とてもご懇意」。

　市来正右衛門は、薩摩でも聞いていたことではあったが、琉球では、これほど人脈、血統を同じくする「門中《むんちゅう》」の存在が大きく、特に年長者の意見に配慮せよ、と言われていたことを思い出し、そのような特殊な縁戚関係がこれから先のことの運びには大事だ、と改めて感じ入っていた。

　摂政、大里王子は、玉川王子を通じての脈絡があり、池城親方が穏健な人柄と聞き、さらに、弘化の頃、逗留を続ける夷人どもを清国、そして香港在英国総督を通じて早退せしめるべく、清国に渡って斡旋を依頼したほどの人物。さらに、かのペリー提督の首里城入門問題をめぐって王宮内で激論が交わされていた、その只中にあって、座喜味親方の阻止強行の勢いに抗して、難事の回避に功あったこと、などに思いを致し、市来は「これで、先ずは段取りがつく……」と心中密かに思い、恩河親方の存在がますます貴重なものに思え、信頼すべき協力者になったことを力強く思った。

仏人ら、久米の松原に家を建て市井を来往

　引き続き恩河と市来は逗留仏人が久米村の松林に十五、六坪ほどの家を建て、住み着き始めていること、その動静に王府は、付近に関番所五ヶ所を置いて彼らの出入りを監視していること。大湾親雲上が、御国元から来ている園田仁右衛門、大窪八太郎らに英語の教授方をしてい

ること、その他雑談を終えたあと、市来は、おもむろに懐から風呂敷包みを取り出し、広げた。油紙で包まれた書類だった。恩河親方と市来正右衛門とが、日を別にしてそれぞれ別個に斉彬から下された密命を互いに確認しあう、という趣意で取り出したものだった。恩河親方も和綴じの日記体の書類の他に、一通の封書を懐から出して広げた。

密命覚書を確認し合う

その封書には「御諭数カ条、書状に致し相渡し候……」の書き出しで、斉彬の内命を箇条書きにした山田壮右衛門の覚書が記され、それを基にして双方が確かめ合うためのものだった。

その覚書は、八月十七日、十九日、二十日、二の丸お茶屋にて、二十三日、御花園浩然亭にて、という、四日間にわたって山田壮右衛門が藩主斉彬より直々に申し渡された密命をまとめたものだった。以下に、その覚書の趣意を示すとしよう。

一、英吉利、仏蘭西、亜米利加三国に書生三、四人、十七、八歳位にて才あり、誠実な者を一国に一人または、二人ずつ差し遣わし、語学をはじめ、物産、医術、化学を修業さすべし。同時に鹿児島よりも琉球守衛方または内用の名を以って琉球へ差し渡し、琉人の名を以って一緒に遣わし、砲術、造船、航海術等を学ばせ、各国の形勢をも探らすべし。御手当は、一切薩摩にて用立て心配に及ばず。留学五、六年ほどの見込みにて、渡海の手順は、在琉仏人に依頼のこと。

二、台湾島内に渡唐船停泊場御開きの御趣意。台湾への漂流人が妨害に遭わざる取り締まりの為、渡唐船の汐掛りの場として停泊場を設け、上陸、休息場等を設立、この旨、清国政府へも届け出る手順を取り計らう。
三、琉球、大島、及び山川港へ外国貿易場、御開きのこと。並びに大阪、兵庫両所開港猶予の御策略。すでに江戸においては亜米利加等渡来致し、通信許しに相成る模様もこれあり、深き見込みの趣あれば、この方一手を以って琉球、大島等において通信貿易を開く趣意なり。中山王一手限りの名を以って、相開き候条約にいたし、この方より内諭等の儀にては宜しからず。浦賀にて夷人申し立ての趣に、江戸、大阪、兵庫、長崎に馬頭を開かんと申し立て、兎角、江戸、長崎は開きになるべし。大阪、兵庫は、日本の中央京都より、一日路のことなれば、万一の時は、京都の処、誠に懸念なり。よって、琉球、大島、山川等を引き替えに開き、はじめ琉球、大島の二カ所に開き、その後、山川へも開くべし。軍備は、入費先に立たざれば、何も調わざるゆえ、琉球にて貿易し、軍艦、大砲等早く買い入れの見込みなり。
四、仏蘭西国より蒸気軍艦及び小銃製造器械等御買い入れのこと。交易開きについては、運輸または、取り締まり等その他、水軍も速く取り立てるについては、蒸気船は速く手に入り候様取り計らうべし。この方よりの内命の事は隠密にし、中山王、手前の取り計らいにすべし。小銃製造の器械は、一年に五千挺から六、七千挺ほども製造する器械を取寄すべし。国内製造の後は、大小名の入用、公儀の誂えも製造し売り出す見込みなり。これにより、日本中にても数十万挺の入用あるは疑いなし。なるべく早く蒸気船と一緒に持ち渡るよう談判すべし。そのほか、「琉球渡唐商人共へ内示し、清国へ古い形式の大小銃等を売り込ましめること」、「清国福建の琉球館の規模を拡大し、渡唐船を増やし、
　商法を盛んにすること」

などの御内命であった。

　恩河親方は、正右衛門の控えを念には念をいれて読み終えた。互いに思い違い、漏れのないことを確かめ合うと親方は、ため息ともつかぬ太い息をフーッと吐いた。親方の額には、汗がにじんでいた。

　太守様から三司官座喜味親方の引退慫慂《しょうよう》につき互いに指示を得ていたものの、そのことについては、市来の方でも故意に伏せているようで、これには、「別に然るべき存念があってのこと」だろう、と恩河は、改めてそのことには触れないことにした。

　御密命の次第は、弘化、安政の頃よりも、はるかに緻密な構想となっており、その頃以来の時勢の変容に即応したものであったばかりでなく、これから先の日本の方向にも冷静な目を向ける雄大なものだった。御内命のどの一つをとっても御国元と王府を揺るがす一大事なのだ。恩河親方のため息は、その積もった思いのせいに違いない、と市来は思った。だが、その市来にしても、目の前の恩河親方には全てを打ち明けていたわけではなかった。

　太守様の言われた来春、安政五年（一八五八）には、まず和蘭人を琉球、大島に遣わして港の見計らいをさせ、引き続き仏蘭西も見立てに参加するよう、仏人共に働きかけること、既にこのため大使様が九月の中旬、井上庄太郎、堀弥平衛ら二人を密かに長崎に派遣し、琉球にお

いて和蘭との貿易開始の密議を始められている事実がそれだった。

さらに、乗船御注文のことについての詳細にわたる太守様の御指示や段取りについても、その「直書」は伏せておいた。

それから、おもむろに立ち上がった正右衛門、船室の上部高窓を引いた。サーっと心地よい潮風が吹き込み、窓の向こうには、ちょうど夕日が開聞岳《かいもんだけ》の方へ傾きつつあった。誘われるように窓の方へ身を寄せ、外を覗き見る恩河親方、何と見事な夕景色とつぶやくや、

　さても旅寝の仮枕、夢の覚めたる心地して、昨日今日はと思えども、
　　はや九、十月になりぬれば……

と、琉球の「下り口説《くだいくどち》」の一節を口ずさむのだった。

長い密議がやっと終わった。長さおよそ十二丈、幅三丈近くのこの大船、楷船、ようやく縦帆を一杯に張って、山川港を滑り出すところだった。金比羅鼻の突端岬の洲崎《すざき》の町並みの灯が点々と輝き始めていた。

琉球着後の手はず

山川港を出て八日目の安政四年（一八五七）十月十一日の夕刻、船は那覇港に錨《いかり》を下ろした。出迎えは、座喜味親方、小禄親方、池城親方の三司官はじめ、薩摩在番奉行所の諏訪数馬、目

付の梁瀬《やなせ》源之進の面々。船中で、市来正右衛門は、すでに流装に改め、頭髪も琉球の髪型、カタカシラ結いにしてあり、出迎えの面々、みな怪訝《けげん》な顔をしていた。

港から駕籠で直ちに薩摩在番所、御仮屋に入った。一休みした後、正右衛門は、諏訪数馬に、船中で、すでに恩河親方と打ち合わせをしたことを詳細に告げ、これからの手はずの相談に入った。諏訪数馬が、正右衛門に、地元在番側での状況を報告した。それは、太守様から御内意のあった大湾親雲上のことだったが、その件については、正右衛門の来着を待って、王府側へ令達すべく、その案文もすでに用意が整っているとのこと。「王府評定所の十五人席に列せしめ、欠員あるを待って、日帳主取に抜擢すべきこと」と記される案文を正右衛門に見せた。その案文が、正式な令達として王府の摂政、三司官に届けられたのは、その二日後、十月十三日のことだった。

実は、恩河親方も到着した翌日には、御密命の件、そして大湾親雲上のことを摂政、三司官にだけは、いち早く報告してあった。案の定、摂政、三司官は、一様に顔から血の気が引くような驚きを隠さなかった。そして、摂政の大里王子、ことの重大さに鑑み、「国王に申し上げる前に、我らで善処策を相談する。それまでは、大湾親方、一切外へ漏らしては相ならぬ」と。

一方、市来正右衛門は、在番奉行の諏訪数馬らから琉球の階級制度、王府の政治の仕組みなど細かに聞き取り、御密命伝達の口上の下書きに関する諏訪数馬との打ち合わせにかなりの日時を要した。渡海前に正右衛門が山田壮右衛門、江夏十郎と打ち合わせたことは、御内命をいきなり王府の重役方に伝達する前に、一応前もって伏線を張り、御内命を受けた後の取り組み、心得を諭《さと》しておく必要がある。それを内達書の形で交付する段取りをしていた。十月二十六日に、正右衛門は三司官の池城親方と恩河親方、それに鎖之側《うざしぬすば》の兼城親雲上を御仮屋に呼び、およそ次のような内達書を交付した。

「この度の渡海は、太守様から極々内密の御命令を受けて参った次第で、御内命の趣は次の通り。在留仏人と接触し、彼らから西洋各国の動静を詳らかに聞き出して報告すべきこと。そのため、仏人との面接にあたっては、度々松山にある官舎に出入りすることになるから、予め心得ておくこと。外国船渡来の折り、物品類所望の場合は、必ず園田仁右衛門と自分に相談願いたい。我々には、外国に武器その他、必要な器械類を注文するようにとの御内命のあることを承知しておくこと。何国の異国船であっても、渡来の折りには、拙者と通事を同道して乗船せしめ、食料、新水等、請わるるままに与え、懇ろに扱い、以前の如く拒絶に等しき応接はいたしてはならぬ、との御内命。これまでのように異国人といえば、禽獣のように軽蔑せず、あるいは因循《いんじゅん》の心得では相済まぬこと。今般の御内命の、當国または大島において和蘭人との貿易お開きの一件は、来春頃より御着手になりご意向であり、これまでのように前例古格に拘泥《こうでい》されては御執行の妨げになる。国王はじめ王子、按司、三司官のほか、役々に厚く御心得ありたきこと。このように太守様の御新政が行われれば、民の生活も潤沢《じゅんたく》になり、且つ琉球の産物も繁殖になろう、との思し召しである」。

密命に対する「御請書（承諾書・合意書）」を迫られる王府

十一月三日、正右衛門は、摂政大里王子、玉川王子、三司官池城親方、小禄親方、豊見城按司、恩河親方、大湾親雲上を、兼ねて恩河親方と打ち合わせの通り、御假屋に呼んで、斉彬の密命を詳しく伝えた。この度の御密命、天下国家の安危にかかわる重大な仔細あってのこと、ご異議なく、国王へも上申の上、速やかに「御請書を提出されたい、とのこと。さらに、御内命の仔細は、清国へはもとより米英両国、その他の外国に漏れないよう。もっとも、三、四年も秘事致せばそのうち日本政体も必ず相変わり、差し支えない事になろう、との太守様の御趣意を伝えた。

すでに、摂政、三司官も恩河親方も、委細承知しているものの、いまだ対応策が整っていないので、ただ黙して返事を差し控えていた。三司官の池城が口を開き、熟慮の上、国王へも報告し、いずれ後ほどお願いの筋も含め返答申し上げたい、として一同、その場を去ろうとした。思いなしか、摂政大里王子の顔が青ざめていた。すると、正右衛門、恩河親方と大湾親雲上の二人に「しばし、待たれよ」と言い、船中で恩河親方に話してきた次第を大湾親雲上に懇々と諭すように話すのだった。そして、大湾親雲上、さすがに斉彬のお眼鏡に適うだけあって、「世界の大勢からみて、時勢相応の御処置、御趣意に違わず、お受けするのが万全の良策」との答えに、正右衛門、予期していた通りの人物だと思うのだった。

王府の試練

だが、恩河親方思うに、琉球王府の前には、今一つ重大なことが重苦しくのしかかっていた。尚泰王御即位の「封王御申請」の進貢使節を清国に派遣する一件が、それである。王府は、その使節を来る安政五年（一八五八）に渡清させ、翌々年には冊封使渡来の御冠船をお受けするよう、安政三年（一八五六）には、すでに決定していた。ところが、この「御一世御一度の御大礼」についての王府から薩摩へのお伺いに対して、江戸表の太守様からは、何の返事もなく、宙に浮いている状況が、この年、安政四年に至るまで続いている。事もあろうに、王府が苛立ちを感じているこの時期に太守様からの御密命をお受けするとあっては、そして、これが清国に漏れるとすれば、清国は、「封王」はもとより、進貢もお取りやめになるは必定。為に王府は御内命の遵奉をためらう。遵奉するにしてもせめて、冊封の儀式を済ませてから、という声があがるに違いない。恩河親方は、目前に立ちはだかる試練に、どこまで耐えられるか、と、ふと己れの前を覆う、黒い霧のようなもの、その幻影に前途を阻まれ、打ちひしがれる思いだった。

王府内の議論伯仲、二派に割れる

王府での評定は、恩河親方の案じていた通り、議なかなか纏まらず、二派に分かれ、「この時勢の赴くところ、太守様の御内意に従うのが、琉球国の安泰につながり、国王の御為にもなる」というのは、玉川王子であり小禄親方、恩河親方、大湾親雲上らが唱える主張だった。

それに反し、「お受けするにしても、尚泰王の御冠船、冊封の儀を終えてから。清国の御取持、御取り合いの妨げになることを恐れる」というのが反対派の主な意見で、特に摂政の大里王子は、御冠船の儀を終えるまでの御猶予を、何としても乞うべきである、として反対派の大方はその主張を支持した。

とはいえ、この度のことは、太子様の非常な御英断、琉球、薩摩はもとより、日本国の安危にかかわる一大事、ということが琉球王府側にも、それぞれの立場を超えた何らかの合意に至らんとの努力の結果、以下のような王府側の施策、要望、要請事項がまとめられた。

一　蒸気船買い入れの儀は、御趣意の通りに琉球国の名において買い入れ、進上する。代金の支払い方は、薩摩において十分なる配慮をしていただく。

一　渡唐商法盛んにすべしとの儀は、琉球国にとっても好都合であり、御趣意に添いたい。

一　台湾に汐掛の停泊場を設けるとの儀も、渡唐船のこれまでの幾多の難船を考えれば、もっともなこと。

一　福州琉球館の取り決めの儀も渡唐商法盛んにするためには好都合。

ただし、以下の点は、今日までの清国との交際に重大な支障をきたす恐れがあり、御容赦、ご理解を乞う。

一　薩摩の商人が琉球人に変装して渡唐商法にかかわることは、いずれかの日に露見した場合、難題となろう。琉人または御国元から書生留学の儀、今日、米、仏との折衝にあたっても琉球は、日本との交際なく、ただトカラ島に商法往来するのみ。清国にも長年にわたり、そのように取り繕ってきているので、甚だ不都合である。

一　大島、琉球において交易御開きの場合は、今まで米、仏からの通商の求めを断ってきた経緯より、突如、当方より琉球の名を以って貿易を求めるとあっては、却って容易ならざる事態になるやも知れぬ。

終局的な王府側の対処

三司官座喜味親方の儀は、本人にも太守様御指摘の通りの非があり、御趣意に添って退役の願いを出させるように致す、とほぼ、王府の評議が固まった。国王出席の下に王子、按司衆のすべて、親方衆、重官残らず参集しての評議では、琉球、大島での交易御開きと、書生留学の二件はなんとしてもお許しを乞う、との議であった。以上の次第を小禄親方と恩河親方、大湾親雲上は、正右衛門に報告した。

正右衛門は、「王府の御評議で反対されている二件は、日本の動静、安危にかかわる枢要なこと。琉球一国の不都合の故を以って日本の動静安危を顧みないと申されるのか」と、気色ばんで言った。

それを聞いた三人は、深く頷くところがあって、なお玉川王子、豊見城按司、池城親方等と別議を以って十分打ち合わせ、御内意に添うよう、評議を続けていくことを申し合わせた。そして、十一月十三日になって、やっと一件落着した。

王府の評議に際して、国王が「琉球一国の不都合を以って、日本の安危を顧みざるものといわれては、太守様のご存念をいたく傷つけることに相成る。よってご下知通り、すべてのご内意を承る」との裁断が出されたのである。

これより先、十月十三日付を以って、在番奉行から出された、大湾親雲上の抜擢《ばってき》の令達に基づいて、日帳主取に任命されたのは、十一月二十二日だった。

市来正右衛門、変じて「伊地良親雲上」、仏人と交渉

懸案の蒸気船購入については、幸い王府側も難色を示さず、いよいよ頭髪、装いとも琉人に変身した正右衛門こと伊地良親雲上が仏人との交渉に臨む段階となった。

フランス側との折衝にあたることになった伊地良親雲上は、その席には通弁として大湾親雲上がついたほか、蒸気機関の技師、琉装の木佐貫を侍らせ、別席においてその助言を受けていた。伊地良親雲上が、フランス人との交渉の際に言った口上は「琉球は、沖中孤立の小国、そのうえ、船舶の製に拙く、毎度風涛のために破船し、財宝を捨つること夥《おびただ》し、その上、人命を失う。故に蒸気船一、二艘を買い入れたし、その代物は、トカラ島人において、日本物品を購入し払い込みに充てる」ということだった。交渉が始まるや、すぐまた、フランスに琉球国名義で注文するについて、太守様から直書が届いた。その内容は、一段と微に入り細にわたるもので、斉彬公がいかにその交渉の成果に望みをかけ、一刻も早く指令達成を急ぐべしとの気概に溢れていたかを示して余りあるものだった。すなわち、

一　一船は、軍艦と商船と申しおき候えども、先ず初めに、軍艦の方に致すべく候、船長三

十四、五間、内車の方宜しかるべしと存じ候。大砲は、十七、八挺、二十挺ぐらいは備え付け候方に致すべく候。

一　小銃も近代発明の方、乗せつけ候様に申し、外に千挺ほどは備打用にて致すべく候事。

一　船の乗方には、異人、それぞれ乗付候て、師匠に相成り候。

一　船の事など、琉人ども拒み候はば、厳しくも、程よくも申し諭すべく候。

一　仏人ども万一、請合申さず候はば、板良敷（今は、大湾親雲上）そのほか、人選にて召し列れ、福州までも差し越し、イギリス、フランスそのほかオランダ人にても注文致すべく候。

一　船は、来年夏までには、是非に届け候様相談致すべく候。段々、江戸、大阪等につき、手当致さず候ては相済まざる訳もこれあり。

以上のほか、蒸気船一艘の長さ、日本尺にて凡そ三十二、三間より三十五、六間まで。進行速度、西洋時計にて一時に日本里数四、五里、乗組員として、航海方の教師三、四人、大砲方の教師、天文測量方、絵図取り方心得候人、軍用小銃二千挺、短銃二百挺、世界航海図三、四通り、蒸気製造書新しきもの。

以上のような近着の緊急司令書を受け取った正右衛門、「江戸、大阪の事に、手当を致さねばならぬことあり」との斉彬公の言葉の真意を解し得ぬまま、とにかく、御趣意に従おうと、必死だった。「軍艦購入を先にせよ」との命令の変更を相方フランス人に伝えねばならなかったが、この時、注文書を携えた仏人は、すでに那覇を出航していた。急遽飛船を清国福州に派遣、やっと間に合ったかのごとくであった。

事態急変〜斉彬公急死、何たる事！

こうして、曲折はあったものの、明けて安政五年（一八五八）七月二十六日、琉球王府の名において、フランスとの軍艦注文の契約書が完成、翌安政六年三月までには、一切の注文品が到着する約定をした。

八月二日、契約書をフランスへ手交した夜、小禄親方、恩河親方、大湾親雲上を交えて祝杯を上げた。そして、正右衛門が事の仔細を記し、斉彬公宛送付した報告書の日付けが、八月九日。

しかし、「何たる神の悪戯《いたずら》！」、その頃、斉彬公は、すでにこの世の人ではなかった。その時を遡る、七月十六日、食あたりによる急死だと伝えられる。

そして、斉彬の死去が薩摩藩庁から琉球に報ぜられ、正右衛門に、フランスとの軍艦の購入の契約を破棄し、帰国するようにとの急報が届いたのは、暮近い十二月二十日のことだった。家老、町田主馬《しゅめ》からの書状だった。それと前後して、お側役の山田壮右衛門、堅山八郎、江夏十郎、山田竪山からも私信が届いた。

それにはまず、斉彬の急逝によって、藩庁は密命の処理に狼狽《ろうばい》しているが、斉彬のこの度の密命は、ごく内々に進められた機密事項のこと故、要路の限られた者以外は、その経緯を知らず、ことも し幕府に露呈した場合の遣責に触れることのみを恐れ、全く為すところを知らず、新太守様の祖父の斉興公の裁断によって全ての計画を中断することとなった。従って急ぎ帰国の上、委細報告せよと記されていた。

特に山田堅山からの私信では、蒸気船買い入れのご密命を琉球側が快く受け入れ、仏人との協議も順調に進んでいるとの報告を聞かれた斉彬公「かくまで立派に進んでいるとは思いの外である、琉人の意を以って能く談判いたしたり」といたくお喜びになり、約定書の届くのを今か今かと待ち兼ね、市来から何ぞ申し越してまいらぬか、と度々のご下問であった。天命如何ともし難し。集成館も閉鎖され、宇垣殿は、血涙声を呑むほど沈んでいるとのことだった。「契約書を破棄する……　何たること」と、正右衛門は気も狂わんばかりに嘆き悲しんだ。

「切腹をも辞せず」

斉彬急逝の悲報が届いた日の翌日、お仮屋で在番奉行以下うち揃い、薩摩の方角に向かって追悼の礼を済ませてのち、恩河親方に太守様の急逝とフランスとの解約の藩命到来を知らせてから、正右衛門は、那覇泉崎村の宿に引きこもり、一切、外との接触を絶って、もう三日になる。

そんなある日、正右衛門、木佐貫源介を呼んで太守様の突然のご他界、目の前が真っ暗になったとの思いを告げた。世に神も仏もないものか……と言葉を詰まらせながら。木佐貫も、いかなる病でのご逝去かは存ぜませぬが、これから先どうすればいいのだろうと、正右衛門の顔色を伺った。正右衛門も「拙者にも分からぬ。しかし何とか善後策を講じなければ」と言いながら言葉を続ける。いずれは、王府の重役や玉川王子、恩河親方、大湾親雲上らの考えも確かめねば、としながらも、王府としても狼狽していることであろう、と気遣う様子。続けて次のような私見を述べるのだった。すなわち、「この度の約定、そもそも藩命ではありながら、それは表向き、薩摩とは無縁、琉球一手限りのこと、として取り扱ってきた故、解約ぜずに、琉球において約定通り……」と言いながら「もっとも、軍艦、大砲、武器などの購入は解約し、小ぶりの商船の購入のみに切り替える。そもそも、軍艦と商船の二艘を購入することになっていたものを、そのうち軍艦を先に購入することにしただけだから……そうすれば、約定の二十六、七万両の六カ年、年賦は、船代六万両ですみ、藩庁の負担は軽くなろう。こうすれば、万が一、藩命が変更される道はある。フランスも、それは已むを得ぬことと応じるのでは？ フランスから軍艦の購入ならいざ知らず、商船を買い入れるとあっては、さして差し障りもないのでは」と。そして。琉球が薩摩との往来にその商船が是非必要なことを哀訴嘆願させれば、藩庁も考えが変わりはしないか。ただ琉球の名において購入するにしても費用は、薩摩であることに変わりはない。したがって、一にかかって、これは、新太守様のご意向次第。こんにちまでの経緯を述べ、抜き差しならぬ事情を以って、王府から藩庁に嘆願せしめる。これ以外に途はない。「しかし、それが叶わぬとあっては、已むを得ぬ。拙者は、フランス人どもの目の前で腹を切る。購入費用の一切は、トカラ商人の依頼を承けて、伊地良親雲上である自分の責めにおいて支払う約束である。その張本人が、目の前で果てるわけであるから、たとえフランスどもが怒ろうが、王府が詰《なじ》られようが、相手は諦めざるを得ぬ」。そして木佐貫に顔を向けながら、「お主は、ことの始末を藩庁へ詳しく報告するため、藤介を連れて、薩摩へ引き上げよ。お主らには何の罪もない」と言い切るのだった。

王府、「ひとまず安堵」、しかし……

その頃、王府でも度々善後策について打ち合わせが開かれたが、さしたる案は出なかった。というより、内々では、斉彬の急逝を悼むものの、むしろ、これで密命が消えてしまうであろうことに安堵の気配が見えつつあった。その上、「清国の御取合」に差し支えることが、差し当たってはなくなり、これで御冠船、冊封の儀も平穏理に迎えられるであろうという、今までとは全く違った展望に望みをかける気配が感じられるようになっていた。事実、その後間も無くにして、安政五年、清国への「請封使節」が、津波古親方派遣となって実現した。

しかし、小禄親方、玉川王子、豊見城按司、恩河親方、牧志（大湾）親雲上らにとっては、自分らが内命のお先棒をかつぎ、まず、冊封の儀を優先すべし、との自重派を抑えて全てを押し切ってきただけに、今や、攻守ところを変える立場となってしまった。

中でも恩河親方、船中で市来正右衛門との打ち合わせの際に胸をよぎった不安、すなわち、御国元の走狗《そうく》になって国を売り、人を売ったと白い目で見られる……その不安がまた疼《うず》き始めた。牧志親雲上は、今までお御国元から数々の恩典に浴したほか、大湾村の地頭職に抜擢されたうえ、破格の扱いによって日帳主取《ひちょうぬしどい》の重職についたばかりでなく、真和志間切、牧志村の地頭になって、牧志親雲上と称えるなど、絶えず薩摩の後ろ盾があり、王府内での嫉妬、反感を買っているだけに、内心覚悟はしていた。

小禄親方は、酒の勢いで気を静めていたと言われるが、玉川王子は、時が経てば何事も納まるもの、と悠然と構え、豊見城按司は、歌人らしく、斉彬の死を悼み、人の命の哀れさを覚え、家に籠もりがちだった。

その小禄親方、「我ら率先してこの度のことを推進して参った故、後の始末もよろしき得ざれば、国王に対して申し訳が相立たない」として、玉川王子に目を向けるのだったが、玉川王子は、口を閉ざしたままだった。まず御国元の御意向を伺うのが先だと思うが、との小禄親方の言葉に牧志親雲上、借受金の御国元の御意向を伺うべきなのは、もっともながら、国元の解約の意図が変わらぬとあれば、まずフランスどもがすっかり準備を終えぬうちにいっときも早く解約を申し入れることが大事で、遅れれば遅れるほど事は面倒になる。西洋の国々では何でも約定の解約ということはままあること、と聞き及んでいる。その上、物の売り買いは全て相対づくでやる習わし。ただし一旦約定成立後の破約であれば、相手にそれ相応の償い金は差し出さねばならない仕来り。その償い金がお国元の負担に帰すべきは、今までの経緯から当然、などと口早に申し立てるのだった。「償い金といっても、かなりの額になろう」との小禄親方の言に対し、恩河親方、万が一にもお国元が支払いできぬとあれば、一つだけ打つ手はある、との言い分に、一座の目が恩河親方に向けられた。親方の言い分は、以下のようだった。すなわち、米仏英人らの官舎建造に支払われた代金が積もり積もって三万枚程となって国庫に眠る。

王府では、清国福州への唐渡船に持参させて、かの地での支払いに充てる以外に使い道がない。万が一の場合にはその充当が考えられよう、というもの。

　すると今度は、玉川王子、「いやいや、解約には及ぶまい。軍艦や大砲などの約定を改め、商船も買い入れるのではなく、借受けの形にする。全て解約するのではないから、フランス側もこれには応じるのではなかろうか。借受金の支払いは、今、お国元への上納品運搬、お国元から当国へ物を運ぶ雇船料、これは、指宿《いぶすき》の船主、浜崎嘉平次なる者の雇船に多額の料金が支払われており、これを振り替えるだけのこと。西洋の商船は、波風に強いし、何よりも速い。人、物ともに安んじて渡海ができる。この考え、いかがなもの？　そのような、突飛な思いつきにも似た提案に、豊見城按司や牧志雲親上、しきりに頷いている。お国元がどうしても解約というのであれば、牧志親雲上の案に従い、解約の償い金も恩河親方の提案通りに、ということで一同ひとまず同意に達したかに思われた。やがて、酒盛りの宴に移り、皆の胸内の不安が薄れ、呵々大笑いの座になっていった。

　しかし……やがて、この一座に列する者に、豊見城按司を除いて悲運の暗雲が迫りつつあった。

伊地良が死んだことに……

　恩河親方が、正右衛門を訪ね、牧志親雲上の意見が王府評定所においても支持されていることを伝えると、正右衛門、いつもながらの勢いは消え失せ、色々と後始末にご迷惑をかけ相済まぬ、と言いながら、牧志親雲上のいうような西洋の仕来りもあろうが、フランスとの契約を破るとすれば、王府への御難題、計り知れず、フランス側はいかなる無理強いをしてくるやも知れず、貴殿方にも難の及ぶこと、藩庁がどうしても解約をともうされるなら、拙者は、ここで腹を切ってお詫びをいたす。さすればフランス人共も、琉球との橋渡しの責任者を失うとあれば、金の出どころがない。後の始末を放り出す卑怯者と思し召すかも知れぬ。拙者が腹を切ることで、フランスが諦めれば、それでことが治るきっかけとはなろう、と今にも割腹の覚悟のよう。いつもながら思慮深い恩河親方、とにかく早まってはならない、己れも同じ立場にある。としながら、正右衛門や自分を抑えながらも、ふと心中に、ひらめくものがあった。しかし、正右衛門にはそれを伏せていた。「そうだ、伊地良親雲上が死んだことにすればよいのだ」。

後日、「伊地良親雲上、酒に酔って落馬死去、那覇波之上護国寺の丘に埋葬」とのことが王府の評定所で決まるや、恩河親方と牧志親雲上は、命をうけ、内心恐々としながらも仏人の館《やかた》の門を叩いた。王府代表の言い分に耳を傾けたジーラ、ムニコウ、ヒリーの三人、せっかく、我が国と交易を開く途を拓いてくれたのに誠に残念。しかし取り交わした約定を解約するとあっては、仏国政府に対して信を失う。注文の船は、十か月後には琉球に到着する。フランス一国にかかわる重大事なれば、今更出先の我らの手に負いかねる、と半ば予期していた返答が返ってきた。さらに窮状を訴える恩河親方に、ジーラが「我ら三人、別室において協議するから」、といって席を外した。三日間の猶予を、とのフランス代表の言に、少なくとも門前払いでなかったことを喜び合った。

「後日、仏国よりの船が到来するであろうから真意に添うべく書簡を以って本国政府に告げ、友国の義を立つべし」とのこと、そして先に手交してあった約定証書を返却してくれたのだった。恩河親方、牧志親雲上の両人、天にも昇る思いで、その厚意を謝し、返してくれた証書を押し頂くように涙を流した。高橋縫殿と交代していた新在番奉行の郷原転も早速に事の成就を藩庁に報告。正右衛門は、いわば、恩河親方によって命を救われたようなものだった。

しかし、そのような事の成り行きとは裏腹に、その恩河親方は、正右衛門に加担したことで、自らの命を失うことになろう、とは……。一方、正右衛門は、身を隠し、翌年安政六年（一八五九）、密かに帰国した。

牧志・恩河事件

王府内では、「小禄親方、恩河親方、牧志親雲上らの責を叱責する声が高まりつつあった。薩摩においては、斉彬の死後、異母弟、久光の長男忠義が襲封するに及んで、祖父の斉興、そしてそれを取り巻くかつての重臣どもが勢いを盛り返した。斉彬の側近の追放にともない、斉彬の密命に加担した王府重鎮への中傷非難が相次いだ。口火を切ったのが、座喜味親方一党、与那原親方、摩文仁親方らだった。

安政六年、二月、物奉行の恩河親方が、座喜味親方追放に加担した故を以って、職を免ぜられた上、投獄された、ついで五月には小禄親方も三司官を免ぜられ、隠居。その後間も無く投獄された。九月には、牧志親雲上も、日帳主取を免ぜられ、これも投獄。玉川王子については、王位に就かんとの画策あり、との噂が出るに及んで、伊江王子がその糾明奉行に任ぜられた。その伊江王子にとっては、肉親の弟であっても、真偽は、事が事であるだけに、情けを挟む事の許されない問題。事実の有無をこそ明らかにせねばならぬ。心中、事実無根であってほしい、と祈りつつも、その詮議は過酷なほど厳しかった。

結局、恩河親方は牢死。小禄親方は、伊江島照泰寺に五百日の寺入りの刑。玉川王子は、終始無実を訴えながら、悶々の裡に死去。三十七歳だった。牧志親雲上は、十年間の八重山遠島と一旦は決したものの、その後一生禁固に変更され、後、文久二年（一八六二）になって、薩摩で取り調べ糾明の要あり、との理由で薩摩へ護送される途中、伊江島沖で入水した、と伝えられる。＊

＊史上「薩摩で取り調べ、糾明の要あり」とされながら、実際には、薩摩の藩校において外国語の指導に当たってほしいとの、久光公の御意に出るものだったらしい事については、筆者の「薩摩より板良敷へ出頭命令～その真因とは～」『チェンバレンの琉球・沖縄発見』二十三頁以下、にその背景の詳細、及び筆者の見解を記しておいた。

第5章

❖

維新以前の大変革

「江戸、大坂の事などにつき手当致さずば相済まざる訳あり」

以上が、史上、「牧志恩河事件」として知られるものの舞台裏、前哨戦の概要である。こうして、斉彬の遠大な計画は、いずれも琉球において挫折した。

先に斉彬が正右衛門に蒸気軍艦の購入を命じた際に、注意深い読者は、その斉彬公が「江戸、大坂等につき手当致さずば相済まざる訳あり」と口にし、正右衛門自身何事ならんと、首を傾《かし》げていたことを覚えていることだろう。喜舎場朝賢は、斉彬のその言葉の裏には、公の一大野心、壮大な密計ともすべきものが秘められていたのではなかろうかと思い巡らしている。

すなわち、斉彬公の念頭には、時の井伊直弼率いる幕府の政治に一矢を報いるべく、心を通じた諸侯と図って、事を起こさんとの構えが見られる、としている。徳川幕府の鎖国政策を、国防充実するまでは続けることを幕府に要請する一方、交易を迫る異国人の要求は、琉球で受け入れ、琉球を開港することによって、時を稼ぐ、と称して支持し、防備のための幕府はじめ諸藩の武器調達は、琉球を通じての貿易と、薩摩領内での製造によって賄おうというのであった、と。斉彬の心中を推し量れば、「次第によっては、三千の精兵を率いて上洛し、禁門、皇居を守り、幕府の将軍の不遜の罪を問う。その上で諸侯の去就を定めん」との決意さえ窺え、そのためにこそ、洛東、岡崎辺りに新邸地を選定すべきことを命じ、密かに準備が進められていた。斉彬は、それを安政五年（一八五八）の秋に焦点を合わせていた。将軍代替わりの琉球慶賀使節一行を帯同して、江戸立ちする、との名目で多勢の軍勢を率いていく計画だった。その琉球慶賀使節の正使が伊江王子であり、王子は、そのため安政五年七月には、すでに薩摩で待機していたのだった。朝賢思うに、斉彬公は大賭博を仕掛けた大人物であった。朝賢の想像はさらにとめどもなく広がる。「もしあの時、斉彬が急死していなかったとしたら、世の中はどうなっていたのだろう」と。明治維新は、違った形にせよ、八、九年は繰り上がっていたのではあるまいか。幕政大改革の一大号令が斉彬によって発せられたのでは。フランスから軍艦購入と大量の新式兵器の取り入れを急ぐ。その斉彬の意図が窺える。フランスから購入した軍艦に、新式の鉄砲や大砲で装備された精兵を乗せて大阪湾に乗り込み、軍勢は陸路京都に入り、そこで陣取る。あらかじめ、斉彬が用意を命じていた京都岡崎付近の薩摩邸が本陣。京都御所の天皇を護衛する精兵が陣構え。幕府改革、天皇親政の勅命を奉じて、斉彬と意を通じ合った雄藩をはじめ、天下諸藩の決起を促す。一方、軍艦は、取って返して江戸湾深く侵入し、かのペリー提督が幕府を威嚇した時と同じ状況をつくって幕府に迫る。思うえば、斉彬公、想像を絶するような大戦略家だった、と。

琉球国運天港の繁栄……

血気盛んな朝賢、「己れが今少し早く生まれてさえいれば、気の早い自分のこと、琉球から馳せ参じていたかも。いやそれよりも、琉球は一足先にアメリカ、フランス、オランダ、イギリス、ロシアに港を開き、東洋での一大開港場になっていたことだろう。思えば、かつて弘化のころ、フランスが目をつけ、斉彬、また天然の良港として早くから測量を命じていた琉球北部の運天港には、西洋の商館が立ち並び、西洋人が多く移り住んで、あたかも横浜、築地の居留地のような異国風な風情を呈していたのではあるまいか。

王府の新体制……

「もしかして、そうであったならば」として歴史上の経緯に関する推測、想像を逞しくするのは、誰しもありがちなこと、特に琉球国に生をうけ、国王の側仕えとしての立場にあった朝賢にすれば、それはまた彼のみに与えられた特権ともいえよう。そのような立場から、老境に至る頃の朝賢には、しばしば「もしかして、そうであったならば、我が王府の存在は、次のようなか形ともなっていたのでは」との思いが念頭を駆け巡る。すなわち、もし、かの斉彬の急逝という思わぬ事故がなかったとすれば、市来正右衛門は、琉球在番奉行として留まり、斉彬公のよき手足として、また、琉球の外国奉行のような役に就いていたことだろう。一方、王府では、玉川王子を摂政に迎え、三司官筆頭に小禄親方、そして恩河親方が控え、牧志親雲上は、またまた破格の抜擢によって親方の位、さらに昇格して三司官。

日本にして、日本に非ざる政体の琉球

さらに斉彬は、以上のような熟考に熟考を重ねた上での開明派を軸に、夢はいやが上にも膨らむ。そして琉球は、といえば日本にして日本に非ざる政体を有する国として日本国への西洋文物供給の一大基地になっていたろう。琉球自体も、西洋文明が街を覆い、機械文明が流入、機械化の世界が広がっていたに違いない。北の運天港と南の首里、那覇の間は、海路、陸路と

もに交通が盛んになり、陸路は、北から南へ蒸気車が……。

そのような朝賢の想像は、しかし、単なる幻想ではなく、帝都東京において己れの目で確かめた横須賀製鉄所のような近代的工場の観察を通じて得た知識をもとにしたものだった。

それだけではない。琉球からは、斉彬公の思い通りに海外留学生が派遣されていたことだろう。それゆえ彼らが、かの中浜万次郎や福沢諭吉のように、必ずや新時代の立役者の一員としての役割を担っていたに違いない。それは、あたかも、元治二年（一八六五）に薩摩から、新納刑部を団長格に総勢十五名が英国への留学生として派遣され、帰朝後、彼らが明治新政府で指導的地位に立ち西洋諸国に伍して日本を開明に導いたように。ここでも琉球が日本国に先んじて開明の意気に燃えていたろうことが窺える。

かつての密使、市来の再来

ここで、朝賢は、かつての密使、市来正右衛門が帰藩を命じられ、琉球を後にしてから実に三十二年目の明治十九年（一八八五）四月に、薩摩藩士、島津忠義公の沖縄県漫遊旅行に随行し、来沖している事実に思いを馳せるのだった。市来は、護国寺境内の「伊地良親雲上之墓」に相対して往時を忍び、感無量、なかんずく牧志恩河事件で悲惨な目にあった王府重鎮多くの冥福を祈ったと伝えられる。

縁は誠に異なもの、市来の長男広親、幼名英久磨が何とその頃、沖縄県庁に奉職しているのだった。そのことを朝賢は、「恐ろしいほどの因縁」という言葉で語っている。

明治天皇臨幸、鉄道開通

明治五年（一八七二）九月十二日（新暦十月十四日）、この日、明治天皇、東京横浜間の鉄道開業式に御参加せられるため、三使は、礼服着用、新橋駅にて天顔を拝する。記録には「新橋横浜両駅《ステンション》結構善美を尽くし、遊覧の者男女十四万余人、等しく盛業を祝す。この日、天気清澄」とある。「史伝」には、また「この日、午前九時、直衣《のうし》姿の明治天皇は、四馬立ての馬車で皇居を御出発。東京府代理権参事……が騎馬で先導、皇族、太政大臣、参議各卿以下が直垂姿で従った。天皇は、近衛一大隊の礼式ヲーシャンのラッパ吹奏と捧げ銃に迎えられて、新橋鉄道館に入館し、駅の構内では、山尾工部小輔、井上鉄道頭以下百官、各国公使、琉球王子らが列立してお迎えした」折から、空には花火が打ち上げられ、雅楽「万歳楽」が辺り一面を覆い、歓迎の人々の感激を新たなものにした。

翌日、九月十三日から一日九往復の旅客列車の運行が開始された。横浜までの間には、品川、川崎、鶴見、神奈川の四駅が設けられた。車両は、すべてイギリス製、開業当初は機関車十輌、客車五十八輌、五、六トン積みの貨車七十五輌の規模だった。

維新政府のバックボーン

午前十時には、特別九車輌仕立ての列車に乗車した内外の高官を従えて横浜に向かわれた。第一、二、三車には、近衛護兵に守られ、侍従を従えた天皇、有栖川熾仁《たるひと》親王、太政大臣三條實美。四車には、外務卿副島種臣、参議西郷隆盛、大隈重信、板垣退助、アメリカ、イタリア

天皇臨幸のもと、琉使一行が東京横浜間の鉄道開通式に臨むわずか18年前、1854年（安政元）にペリー提督より贈られた蒸気機関車のモデル（American Heritage, 1958）

琉使一行が散策する新都浅草新橋界隈には、やがて訪れる鹿鳴館時代の前兆が（American Heritage, 1958）

全権公使をはじめ、オーストリア弁理公使、スペイン代理公使、フランス代理公使、左院議長後藤象二郎、文部卿大木喬任、教部卿嵯峨実愛。五車には、ロシア代理公使イギリス代理公使、大蔵大輔井上馨、海軍大輔勝安房、司法卿江藤新平、左院副議長伊地知正治、陸軍大輔山県有朋、司法大輔福岡孝弟、教部大輔宍戸璣、開拓次官黒田清隆、租税頭陸奥宗光、海軍少輔河村純義、宮内大輔万里小里博房、大内史土方久元、陸軍少輔西郷従道、教部少輔黒田清綱。六車に主だった人物のみを挙げると、大蔵省三等出仕渋沢栄一、東京府知事大久保一翁ら。七車に、従一、二、三、四位、正二位らの面々。ここで、注目されるのが、かつての島津藩士、従三位島津忠義、そして、その同乗者に琉球正使伊江王子尚健、ほか副使、賛議官の顔ぶれ。第一から第九車までの陣容があるいは、そのまま、その時点での維新政府のバックボーンを担う重鎮の「格付け」を表徴する可能性が大きい。そういう意味で、その意義には計り知れないものがあろう。

そのことをいまだ若年の朝賢は、ただ「伊江王子一行が、かつての薩摩藩主島津忠義と同車したことも奇しき縁であった」とするのみであるが、今日の読者には、それ以上に「世の移ろい」と言おうか、言葉にはならない「悲哀」のようなものを感じるのでは？　少なくとも、私には、その特別仕様の「列立次第」と銘打った表、史料からは、一瞬、過去何百年にもわたる我が琉球王国の歴史が、そこに凝縮されているように思えた。

ここで一言注意事項を。その「列立次第」のリストに岩倉具視、木戸孝允、大久保利通、伊藤博文の名が見えないのは、当時「遣欧米使節」として外地にあったからである。大山巌もフランス留学中。

琉使一行が宿泊先の旅館に戻ったのは、夕刻五時前。二時間後の七時頃には、外務卿の副島種臣が伊地知貞馨の案内でお見えになる、ということで館内が騒々しくなった。何でも、琉球舞踊をご覧に入れ、琉球料理の御膳も出される模様。歌や踊り担当の仲村渠筑登之、屋嘉比筑登之らが準備に取り掛かっている。わざわざ、琉使の宿まで足を運ばれるとの維新政府の両重鎮の参来は、次の日の「参朝慶賀の式典」への心配り、ということはもちろんのことながら、語弊を覚悟でいえば、琉球王国の命運を握る新政府の、やっとこの段階にまでこぎ着けた今、最後の最後の瞬間に至って、さらに落ち度など無きようにとの政府特異の「おもてなし」、琉球にいう「う取いむち」なのだった。末席に控える伊江王子御小姓、朝賢、副島卿の人柄、言葉を次のように書き留めている。「副島卿は寡黙のお方のように拝しました。卿曰く、『明日の参朝慶賀の式では、お上、直々に遠来の御苦労を嘉《よ》みせらるることと思う。国王尚泰殿の上表文、三使方の天機奉伺の上表文もないない拝見し、私としても満足に思っている。新政府は日なお浅く、お上、御親政の下で着々諸事改革し、諸外国とも友好提携して条理を尽くして交際していく所存である。琉球も、多年異国との接待向きに苦労を重ねられたが……』といいかけ、『このたびは、まことに大儀でございます』と、後は伊地知貞馨殿を顧みるのでございました」。

その伊地知貞馨、三使とは、すでに旧知の間柄であり、最も琉球事情に明るい者として三使は、信頼を寄せていた。豪快な振る舞いを以って知られる伊地知、「今日は、外務卿もお見えのこと、久しぶりのこの焼酎、前祝いにいささか頂くとするか……」と口にしながら、伊江王子と宜野湾親方の緊張をほぐす配慮をしつつ、杯をかたむける。外務卿も相好をくずしながら、「これは、珍しい料理」と言われながら、琉球料理に箸を運ばれていた。

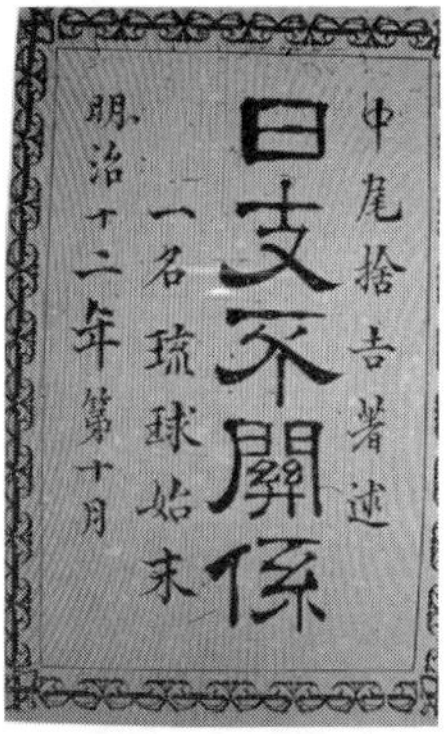

『日支不関係』琉球王朝崩壊前後の「日本大動乱期」を扱った冊子

維新政府トップによる琉使に対する「う取いむち」の実相

蛇足ながら、今しがた筆者、山口、は「語弊を覚悟で」、新政府の外交を扱うトップの外務卿副島種臣による維新政府の琉使に対する「う取いむち」の内実、真意、背景につき、忌憚《きたん》のない私見を記した。特に、その外務卿が「諸外国とも友好関係を提携して、条理を尽くして……」とした言葉を読者諸氏にはとくと心に留めて置いて欲しい。その「国際上の条理」が、日中外交上に浮上し、琉球国が「父の国」とも頼む清国の在京公使団から維新政府の「琉球王国の処理」(今では『処分』として大方の理解を得ているかのよう)に対する抗議の声が挙げられ、世界の世論を巻き込む「国際問題」に発展する史実を知っている読者は、少なくないことだろう。上述の副島外務卿の発言より、実に八年後、一八七九年(明治十二)のことである。副島外務卿の何代目かの寺島外務卿と在京中国公使、何如璋との激しい議論に続く一連の経緯を、私は「大動乱期の日中外交戦」として扱ったことがある。詳細については、筆者の編訳書『琉球王国の崩壊』、その英文原著版 *The Demise of the Ryukyu Kingdom* を参照いただくよう。

維新政府の仕組み

副島外務卿、伊地知らが琉使三使ともども琉球料理に舌鼓を打つ、和やかな場面に戻ろう。

「御使者方も、いろいろの肩書きをもった官員が出入りし、戸惑うこともおありでしょう。鹿児島の県官、館内詰めの官員共に何なりと質されるように」、との伊地知の言葉に、賛議官の喜屋武親雲上、「太政大臣といわれるお役目は、たとえて申せば琉球の摂政のようなお立場で～」との言葉に、伊地知いわく「廃藩置県があった昨、明治四年七月十四日、我輩が、奈良原幸五郎と琉球へ参った折り、新たに太政官職制が定められた。太政官という役所は、正院、式部局、舎人《とねり》局、雅楽局、左院、右院で構成される。太政大臣は、正院におかれ、天皇を輔翼して、庶政を総判する。その地位は極めて高く、軍事も含め国政全般にわたって天皇を輔翼する。三條実美公が今、太政大臣であられる。次に左院には、議員がおられて、それは一等、二等、三等の議員の区別があるが、その方々によって諸々の立法が議される。琉球について、これからどんな規則を作る必要があるか等、その立法について議すると考えていただければよい。右院には、外務省とか大蔵省、民部省、陸軍省といった各省があり、その各省には長官がおかれ、それぞれが、全国にわたる国政、行政の実際について、その利害を審議するところ。その長官が卿《けい》、次官が大輔《たいう》、これを補佐する者が少輔《しょういう》といわれる。正院には参議という極めて高いお役目があり、国政全般にわたり審議に当たられる。今、参議は、西郷隆盛、木戸孝允、大隈重信、板垣退助といったお歴々がおられる。ここへもお見舞いに来られた筈……。太政大臣はつい先ごろ、八月十日にまた改正されたが、それは正院に新たに左右大臣をおいて、太政大臣、参議と併せて三職とし、『天皇を輔翼するの重官にして諸長官の上たり』ということで、誠に新政府の中心である。喜屋武親雲上のいわれるように、この『三職』、あるいは琉球の摂政三司官のお役目に相叶うものであるかも知れぬナ」と。

その後、特に副島外務卿に琉球舞踊をご覧いただく段となったが、その前に宜野湾親方、外務卿の求めに応じて、次の二首の頌歌《しょうか》を献じた‥

目を覚ますもの計《ばか》りしてなかなかに
　夢の中なる心地こそすれ

東路《あずまじ》の花の都に舞い出でて
　鄙《ひな》の手振りの恥ずかしきかな

そして、喜屋武親雲上の合図とともに、「御前風《ぐじんふう》」の奏曲が響きわたるのだった。

参朝慶賀の式

その日、明治五年（一八七二）九月十四日、王子緞子《どんす》、御八巻の正装、一行が馬車で参内、外務丞出迎えて櫻間に案内。大広間の外で儀式を拝見、天皇のお姿にも接した朝賢、次のように記述している、以下、読者諸氏には、朝賢の紹介する記述、史料をとりあえず「朝賢史料」と理解いただいた上で先に進もう。

「天皇、侍臣等を従え、奏樂裡に大広間に出御あり。玉座に着せらる。太政大臣三條實美、外務卿副島種臣御前に侍立し、各省長、次官等左右に候す。式部助、橋本實津梁正使を導きて玉座前に参進す。副使、参議官之に随う。式部助、使節の名を披露す。使節等馨折《きせつ》拝礼す」。次に正使、天皇、皇后に献上する国王尚泰の上表文、並びに貢献目録等を式部助に手交。次に「琉球ノ薩摩ニ附庸タル年久シ今維新ノ際ニ会シ上表且方物ヲ献ス忠誠無二朕之ヲ嘉納ス」の勅語があり、その後、尚泰を琉球藩王となし、華族に列する詔書を外務卿に授け、外務卿これを読み上げて使節に伝えた。詔書の末尾に次のように記されている、「……爾《なんじ》尚泰其れ藩屏の任を重じ衆庶の上に立ち、切に朕が意を體して永く皇室に輔たれ。欽《つつし》め哉《や》」。

詔書は、金罫紙《きんけいし》が用いられ、これに国璽と御璽をぎんして、これを白地金襴《きんらん》の袋に納めて使節に与えた。使節、尚泰に代わって詔命を御請けすること次のように言上、「臣健等謹白ス臣寡君の命ヲ奉シ天朝ニ入貢ス今聖恩寡君ヲ封ジテ藩王トナシ且華族ニ班セシム……臣健等代テ詔命ヲ辱ヲ拝ス（カタジケナサス）」。

その日の印象を朝賢は「三使が、天皇様の前で、侍立する多くの高位高官のいるなか、いささかも憶することなく、堂々と役目を終わられた姿に、私どもは、目頭が熱くなる思いだった」と記している。

琉使、思わぬ光景に接す

儀式が平穏理に終わり使節一行が宮内省式部官の案内で退去する時、誠に予期せぬ場面を目撃し、朝賢の言葉を借りれば「肝を潰した」という。何と朝賢らの列の後ろに一人の清国人がいるではないか。このような場にいるということは、それなりに高位の人物に違いないが、今、三使の存在が「父の国」とも仰ぐ清国に秘した上での在京であってみれば、その驚き様には、想像以上のものがあったろう。

後日、宜野湾親方が宮本大丞に確かめたところ、その清国人の名が陳福勲ということが判明した。その清国人のその時の存在には、それなりの理由があったのだが、今は、ここでの主題に添わぬことゆえ、以上の記述だけに留めよう。

吹上瀧見の茶屋にて歌の会

参賀の式の四日後、九月十八日には、正使尚健、副使向有恒、同参議官向維新ら、皇太后、並びに皇后の招きに浴した上、何と山里御苑、御茶屋では、昼飯を賜るとの朝廷による、これ以上の歓待もなかろう、と思われる「おもてなし」に与っている。朝廷による「おもてなし」はそれだけに留まらなかった。副使向有恒、宜野湾親方が、特に和歌を良くすることを知る宮廷では、特にその日のために吹上御苑、瀧見御茶屋で「歌会」を催すとの配慮をさえしたのだった。歌会出席者は、「文台」（出席の歌人が進み出て歌を詠みあげる台）の備えられた上座に向かって、中山忠能従一位、毛利元徳従三位、島津忠義従三位の三人が座し、上座の右手には、

「有栖川熾仁二品親王、太政大臣三條實美、外務卿副島種臣ほか、三人。上座左手末席に、講師（発声）侍従綾小路有長以下二人、下座に、題者正二位三條西季知、点者宮内省三等福羽美静、同点者宮内省八等出仕八田知紀、ほか七人。そして、上座の「文台」の一番近く、その日の最も主要な人物、賓客として「歌会」の招きに与った正使伊江王子朝直、副使宜野湾朝保、参議官喜屋武朝扶の三人が座した。その三人は、上座の「文台」を隔てた向こう側の有栖川親王、三條實美太政大臣、副島外務卿らと真っ直ぐ向き合う形だった。ついでながら記すに、その日の点者、歌人の八田知紀が宜野湾朝保の私事した師であることは、いうまでもない。

「水石契久」と題する「兼題」（歌会のために、あらかじめ出された題、「席題」とも）、さらに「紅葉組題」、「初紅葉」と題する探題（「尋ね求む」の意。謡いに基ずく）下の御製二句が紹介され、引き続き、皇后による詠歌

さされ石のいはほとならん萬代も
　にこらぬ池によする白波

が紹介された。

そして、最後に宜野湾朝保有恒、恭しく「文台」に進み出で詠じた「兼題」の句が

動きなき御代を心の岩かねに

かけて絶せぬ瀧の白糸

「探題」に添って当座に「紅葉如酔」なる題を探りつつ詠じたのが

くみかはすまとゐの外の紅葉まで
ゑひの盛と見ゆるけふ哉

だった。

初めての天長節

九月二十二日には、賢所、皇霊殿、八神殿の宮中三殿において、はじめて天長節が行われた。親王、大臣以下の諸官員、四百人が直垂《ひたたれ》を着用して参内。天皇は、直衣《のうし》を召されて大広間に出御。御帳台の御座にお着きになり参列の親王、諸官員に宴を賜い、舞楽を奏せしめ勅語をお下しになった。天長節の勅語の初めである。

さらに午後、再び大広間に出御、麝香《じゃこう》の間において、華族、琉球藩使臣等すべて二百八十八人を召して朝と同じく宴を賜った。午後四時には、有栖川親王接伴の下に各国公使を延遼館に召して酒宴を賜わった。

三琉使、九月二十四に、宮内省出頭、帰国の御暇を申し上げる。両宮より三使に賜品あり、藩王へとして衣冠が届けられる。九月二十五日、宜野湾親方、師の八田知紀の招きで歌会に赴く。二十九日、外務省へ出頭後、三條太政大臣、大隈参議、副島外務卿私宅を訪ね、別れを告げる。この日、琉球藩王一等官の御取り扱いたるべき旨の御達しあり。また、太政官の名の下に、東京府飯田町橀木坂に邸宅を下賜さる。

帰国の途へ

十月四日夕刻、品川出船。琉球館廃止の指令が達せられたことを三使が知らされるのは、実に一行の鹿児島滞在中のことだった。さらに、十一月二十一日付、外務省六等出仕伊地知貞馨、戸籍寮六等出仕根本茂樹の連名の指令書には、以下のように記されていた。「これまで、年々鹿児島県へ租税として納めてきた米、砂糖は、鹿児島県の琉球在番が廃止されたので、今後は、琉球藩自体の役人が取り立て、直かに大蔵省租税寮に納めるよう」。ここで、次の朝賢の声に耳を傾けよう。「従来通り鹿児島県の管轄下を望むという、微かな希望も消えてしまい、藩王御請の意義がようやく実感を伴ったのでありました」。

開けて明治六年二月二十三日（新暦）、鹿児島県下所有の蒸気船、寧静丸、県下の商船、元亨丸の両船寄港。伊地知らは、寧静丸、使臣らは、特に願い出て、なぜか伊地知らとは別の元亨丸に乗り込む。出港後、風波荒く、漸くにして喜界島に漂着。同日、寧静丸は、口之永良部を出て、七島海に向かう。翌、二十八日、風波なお激しく、難航の末、しばらく喜界島で様子を見んものと、寄港。図らずも元亨丸の存在に気づく。その元亨丸、柱が折れて舷側に寄りかかり、無残な姿を留めていた。大変な思いで、上陸した喜界島は、その北方、東側の海岸に近い東間切の役場長「与人」、今でいう村長宅で親切な歓待に欲する。その与人の名は、東長賢。その東、不意の賓客、伊江王子に対し、「当家への御逗留の次第を子々孫々に伝える家宝として、是非とも揮毫《きごう》を」とのたっての願い。伊江王子、笑みを浮かべながら、「字は得手ではないが、折角のおもてなしに応えて」、とその場で縦書きの書をしたためて渡した。それが、すなわち、

風清　雲静　山高　水長
中山正使　尚健

だった。朝賢曰く「優しいお人柄を表すいい書体でした。昨日、浜で『……水流し』と呟《つぶや》かれた。それは、今のお気持ちの総てではないかと。風清く、雲静かに、山高くも、よく考えれば、伊江王子が今日まで歩いてこられた御心境。イヤ、琉球国の歩みではありますまいか」と。

三月一日、正副使ほかに十二人、寧静丸に乗り移り同船にて、那覇へ向け出港。一行が那覇港へ着いたのは、三月三日の朝。三司官以下の官員出迎へ、那覇西村の親見世、那覇琉球役人の詰所、に投宿。翌三月四日、無事着を祝すべく、藩王よりの使者来る。

伊江王子直系の御子孫である伊江朝雄氏の著書『風や真艫に‥琉球故事物語』を底本に記述を進める私、山口が、かつて、述べた如く「無い物を潰《つぶ》すわけには、いかない。いずれは潰す

べきものとして出現したのが『幻の琉球藩』だった」。そして、その後、実に七年もの歳月の後、その琉球藩が消え、それと共に、琉球王国が消滅した。伊地知貞馨の大任を次いで、琉球王国を「処分」すべく、松田道之が何度目かの来琉を果たすのは、明治十二年（一八七九）の春、三月だった。

著者
山口 栄鉄（やまぐち えいてつ）

1938年、沖縄県那覇市出身。琉球大学英文科卒業後、米国留学。インディアナ大学、プリンストン大学にて理論・応用言語学博士課程
履修中、東アジア言語文学科にて日本言語文化を講じる。スタンフォード、イエール大学東アジア言語文学科奉職後、沖縄県立看護大学初代英語科教授。
「欧文日本・琉球学」の新分野を提唱、確立。
その理論及び実践例を『英人日本学者チェンバレンの研究—《欧文日本学》より観た再評価』にまとめる。日本及び南島琉球言語文化圏に注目する欧米人の欧米語による研究成果を扱う自著、編訳書二十数編。最近の著作に『英人バジル・ホールと大琉球』(2016年)、『チェンバレンの琉球・沖縄発見』(2016年)、『吉田松陰の再発見—異国に眠る残影』(2017年)、『欧文日本学・琉球学 総論』(2019年)がある。文学博士。

琉球王朝崩壊の目撃者 **喜舎場朝賢《きしやばちようけん》**

2019年 7月15日　第1刷発行

著 者
山口《やまぐち》 栄鉄《えいてつ》

発行所
㈱芙蓉書房出版
(代表 平澤公裕)
〒113-0033東京都文京区本郷3-3-13
TEL 03-3813-4466 FAX 03-3813-4615
http://www.fuyoshobo.co.jp

印刷・製本／モリモト印刷

ISBN978-4-8295-0765-0

【芙蓉書房出版の本】

琉球諸語の復興

DVD「琉球の島々の唄者たち」（120分）付

沖縄大学地域研究所編　本体 2,800円

奄美語・国頭語・沖縄語・宮古語・八重山語・与那国語（琉球諸語）は方言ではなく独立した言語（2009年にユネスコが認定）。琉球民謡の大御所といわれる四人の唄い手が土曜教養講座に勢揃い、島々の言語で熱いトークと唄三線独演を披露。

世界遺産・聖地巡り

琉球・奄美・熊野・サンティアゴ

沖縄大学地域研究所編　本体 1,900円

2013年１月「奄美・琉球」が世界自然遺産の暫定リストに載った。近い将来、沖縄は文化遺産と自然遺産を持つ国内唯一の地域となる。沖縄の世界遺産（琉球王国のグスクと関連遺産群）は「聖地」でもある。

初の国産軍艦「清輝《せいき》」のヨーロッパ航海

大井昌靖著　本体 1,800円

明治９年に横須賀造船所で竣工した初めての国産軍艦「清輝」が明治11年１月に横浜を出港したヨーロッパ航海は１年３か月の長期にわたった。若手士官たちが見た欧州先進国の様子がわかるノンフィクション。

知られざるシベリア抑留の悲劇

占守島の戦士たちはどこへ連れていかれたのか

長勢了治著　本体 2,000円

この暴虐を国家犯罪と言わずに何と言おうか！　飢餓、重労働、酷寒の三重苦を生き延びた日本兵の体験記、ソ連側の写真文集などを駆使して、ロシア極北マガダンの「地獄の収容所」の実態を明らかにする。